KB260422

미국의 중국이민정책 연구(1880~1904)

미국의 중국이민정책 연구(1880~1904)

| 김남현 |

　　1974년 강릉고를 졸업하고, 1979년 관동대 국사교육과를 졸업하였다. 1981년 중앙대 대학원 사학과에서 문학석사를 받은 후, 1991년 동 대학원에서 문학박사 학위를 받았다. 관동대와 중앙대의 강사를 거쳐 1986년 9월 1일 관동대에 부임하여 현재 교수로 재직 중이며, 교무처장, 학생처장, 박물관장, 전통문화교육원장을 역임하였고 현재 영동문화연구소장, 한국서양문화사학회장으로 있다. 미국의 중국이민정책을 비롯하여 미국에 있는 중국인들의 이주과정, 정착, 사회조직, 노동상황 등 다양한 분야의 논문 뿐 아니라 강릉의 문화정책, 영동지역 해방전후사 등 향토문화도 연구하고 있다. 저서로는 『서양문화사』(공저), 『사료로 읽는 미국사』(공저) 등이 있다.

미국의 중국이민정책 연구(1880~1904)

초판인쇄일　2012년 3월 2일
초판발행일　2012년 3월 2일
지 은 이　김남현
발 행 인　김선경
책 임 편 집　김윤희, 김소라
발 행 처　도서출판 서경문화사
　　　　　　주소 : 서울 종로구 동숭동 199 - 15(105호)
　　　　　　전화 : 743 - 8203, 8205 / 팩스 : 743 - 8210
　　　　　　메일 : sk8203@chol.com
등 록 번 호　제 300-1994-41호

ISBN　978-89-6062-089-6　　93940

ⓒ 김남현, 2012

＊ 파본은 본사나 구입처에서 교환하여 드립니다.

　정가　14,000원

미국의 중국이민정책 연구
(1880~1904)

김 남 현 지음

서경문화사

현대판 로마제국(?)이라고 하는 미국의 역사를 연구한다고 겁 없이 뛰어든 것이 1970년대 말이었다. 그 당시는 각국사와 지역사가 지금처럼 일반화되지 않은 상황이었고 나아가 200여 년밖에 안 되는 미국의 역사는 연구할 가치도 없고 무슨 역사다운 역사가 있겠느냐는 분위기가 팽배하였던 시기였다.

한편, 대립과 냉전이 지속되는 상황 속에서 미국의 역할이 무엇이고 우리는 어떻게 대처하여야 하는지, 미국을 알고 미국을 배워야만 미국처럼 선진국이 될 수 있지 않을까 하는 막연한 생각을 가져본 시기이기도 하다. 그 후 소련의 붕괴에 따른 세계질서의 다변화 속에서 미국의 역사와 문화를 이해한다는 것은 더욱 큰 의미를 갖게 되었다. 특히 의도를 갖고 만들어진 국가인 미국에 관한 연구와 나아가 미국의 역사 속에서 이민과 이주는 그 본질로 부각되었다.

오스카 핸들린(Oscar Handlin)이 말한 "미국의 역사는 이민의 역사"라는 표현을 빌리지 않더라도 미국사를 이해하기 위해서는 인종, 이민은 중요하다. 세계 여러 곳에서 야기되는 인종분규와 종교적 마찰은 향후 세계질서에서 해결해야 할 가장 중요한 문제가 아닐 수 없다.

우리나라의 경우도 다문화사회로 급속히 진행되고 있는 현실 속에서 이주, 이민문제를 거론하지 않더라도 배타적 민족주의나 인종차별적인 감정은 점차 사라지고 있으며, 지구촌 모든 인종들이 화합하는 사회로 나아가고 있는 점은 바람직하다.

이 책은 이런 점에서 인종의 박람회장이며, 세계의 핍박받는 이들의 피난처라고 하는 미국에서 왜, 어떠한 이유로 동양계 이민인 중국인들이 가장 먼저 금지당하고 배척되었는지를 밝힌 내용이다. 이것은 분명 인종차별이라는 단순한 이유만으로 설명하기에는 설득력이 부족하다고 보기 때문이다. 중국이민과 관련된 법안들의 대부분이 주(州) 선거와 대통령 선거에 앞서 입안되고 통과되었다는 점과 시행과정에서 규정의 보안을 통해 제한, 금지, 배척으로 강화되어가는 것을 볼 수 있어 중국이민금지법들이 갖고 있는 정치사회적 의미를 엿볼 수 있을 것이다.

실제 저자의 박사학위 논문을 조금 보완하여 출간한 것으로 근간의 연구 성과를 반영하려고 하였으나 전체적인 체제상 맞지 않기 때문에 후에 출간할 예정임을 밝힌다. 현재의 국내외 사회가 다문화사회로 바뀌어 가고 있는 현실을 고려할 때, 이민정책과 인종차별에 관한 내용을 출간하는 것이 시의적절하다는 권유와 함께, 이민과 이주에 관한 관심이 점차 증대되고 있는 현실을 감안하면 이 글의 출간은 조그만 디딤돌이 되지 않을까 하는 소망을 가져본다.

이 글이 출간되기까지 저자는 많은 분들의 도움이 있었음을 밝혀야 할 것 같다. 학문보다 사람이 먼저 되어야 한다고 가르쳐 주신 故 신천식 교수님과 이제는 모두 정년을 하신 방동인 교수님, 서병국 교수님, 김위현 교수님, 김호일 교수님, 학문의 토대를 마련하고 방향을 제시해주신 이영범 교수님과 강희갑 교수님을 비롯한 여러 교수님들을 잊을 수가 없다. 대학에서 안정적인 연구와 교육에 전념하도록 길을 열어주신 명지학원 유영구 전이사장님과 유병진 명지대학교 총장님에게도 감사를 드립니다.

연로한 가운데서도 늘 지켜보아 주시는 부모님과 무뚝뚝한 저자를 격려하고 모든 어려움을 감내하며 옆을 지켜주는 아내 이정임과 두 아들 범준, 민성에게도 고마운 마음을 전하고 싶다.

끝으로 이 책이 나오도록 윤문과 교정을 본 박사과정의 최은길 선생과 상업성이 없는 책의 출간을 지속적으로 권유한 서경문화사의 김선경 사장님과 편집진 여러분에게도 감사의 인사를 드리고 싶다.

2012년 3월
강릉 청송캠퍼스에서 저자

• 서문

01 서문 _ 09

02 중국 이민의 교섭과 그 배경 _ 15
   1. Burlingame 조약 ·· 15
   2. 중미 조약의 체결 ·· 28

03 중국 이민의 차별과 제한 _ 43
   1. 주법과 시 조례의 위헌판결 ·· 43
   2. 캘리포니아 주 의회의 입법 활동 ·· 56
   3. Workingmen's Party의 요구 ·· 68
   4. 연방의회의 입법화 ·· 76

04 중국 이민의 중지와 금지 _ 89
   1. 노동자의 입국금지 ·· 89
   2. 금지법의 보완 ··· 106

05 이민금지 규정의 강화와 중국의 추인 _ 121
   1. 신분증과 귀국증의 미발급 ·· 121

2. 거류증과 증인 규정 ···················· 141

3. 등록 기간과 증인의 완화 ···················· 158

4. 금지규정의 추인 ···················· 166

06 이민금지 지역과 그 권한의 확대 _ 173

1. 하와이와 필리핀의 적용 ···················· 173

2. 지역과 권한의 확대 ···················· 180

07 결론 _ 187

08 참고문헌 _ 193

09 찾아보기 _ 219

01

서론

　미국은 이민으로 형성된 국가이므로 미국의 역사는 이민의 역사라고 할 수 있다. 특히 1840년대부터 시작된 대규모 이민은 남북전쟁 이후 미국 사회의 산업화과정에 따라 그 수가 급증하였으며 이들이 산업 노동력 공급과 기술을 제공하면서 미국 산업 성장에 한 축을 담당했다.

　초기에는 주로 유럽의 북구, 서구의 이민이 주류를 이루었으나, 19세기 중반을 거치면서 점차 남미, 아시아로부터 오는 신이민이 추가되었다. 신이민들은 정치, 사회, 경제, 문화 등의 여러 측면에서 이미 정착한 사람들(토착주의자들)과 쉽게 동화될 수 없었으며, 그들이 미국화 되지 못하면서 인종 배타의 주된 구실이 되었다. 중국 이민도 이런 경향에서 예외일 수 없었다.

　1848년 서부 콜로마(Coloma)에서 금광이 발견된 후 미국에 대한 '황금의 꿈(Golden Romance)'은 중국 이민을 강력하게 유인한 요인이었다. 광산촌은 1852~1860년까지 최대로 번영하면서 많은 노동력을 필요로 하였고 중국 이민자들의 대부분은 광산에 정착하였다. 또 다른 중국인 노동력의 수요는 1865년 센트럴 퍼시픽(Central Pacific)에서 태평양 횡단 철도를 건설하면서 급증하였다.[1]

1851년 캘리포니아 주지사 버넷(P.H. Burnett)이 주 의회에 보낸 서신을 보면 중국은 세계적인 문명 국가라 일컬으면서 중국인이 미국에 오는 것을 환영해야 한다고 주장하였고, 또한 하이트(H.H. Haight) 주지사가 중국과 관련된 강연에서 청중들에게 인구가 많은 중국과의 접촉을 흐뭇하게 여겨야 하며 우리 인류는 한 가정이니 중국인이 오는 것을 환영하고 행복하게 생활할 수 있도록 좋은 기회를 제공해야 한다는 것에서[2] 초기의 미국인들이 그들에 대하여 환영과 칭찬, 호기심을 갖고 있었음을 이해할 수 있다. 그러나 갑작스럽게 중국인이 많이 증가하자 미국인은 중국인에 대한 냉대와 비난, 반대를 하였다.

1853년 캘리포니아 주 지사 비글러(John Bigler)는 전임 주 지사와 달리 중국인이 계약 쿠울리(Coolie)가 된 것에 모욕적인 말을 하면서 가능한 모든 법적 조치를 통해 밀려드는 중국 이민을 막아야 한다 하여 중국인 반대운동에 힘을 실었다. 덧붙여 "쿠울리는 시민이 될 수 없고 공공의 안녕과 국민의 이익에 해를 끼칠 위험이 있기에 주 정부

---

1 Immigration Commission 보고의 도착 중국인 수(1853~1888).

년	수	년	수	년	수	년	수	년	수	년	수
1853	42	1859	3,457	1865	2,942	1871	7,135	1877	10,594	1883	8,031
1854	13,100	1860	5,467	1866	2,385	1872	7,788	1878	8,992	1884	279
1855	3,526	1861	7,518	1867	3,863	1873	20,292	1879	9,604	1885	22
1856	4,733	1862	3,633	1868	5,157	1874	13,776	1880	5,802	1886	40
1857	5,944	1863	7,214	1869	11,900	1875	16,437	1881	11,890	1887	10
1858	5,128	1864	2,975	1870	14,624	1876	22,781	1882	39,579	1888	26

Tien-Lu Li, *Congressional Policy of Chinese Immigration*, Arno Press, N.Y., 1978, p.124.

2 W.B. Farwell, *The Chinese at Home and Abroad*, San Francisco, 1885, Introduction.

는 주민의 이익이나 복리에 영향을 끼칠 수 있는 자에게 주법에 의거하여 입국을 허락해서는 안 된다"[3]고 하였다.

그 후 주에서 중국인에 대한 적대감정은 중국인을 차별하는 입법조치를 취하였으며 "중국인은 물러가라(The Chinese Must Go)"는 극단적인 구호까지 나타났다.

이렇게 시작된 중국인 반대운동은 1870년대에 들어오면서 귀화한 아일랜드 이민자인 커어니(Denis Kearney)가 이끄는 노동당(Working-men's Party)이 출현하여 더욱 격렬해졌다.[4]

그러나 주에서 중국인을 차별하는 주법과 시 조례 등은 1868년 중미간에 맺은 벌린게임(Burlingame) 조약과 수정헌법 제14조 등에서 위헌판결이 내려졌고 1876년에 이르러 태평양 연안의 지도자들은 중국인 반대운동 문제를 연방정부의 차원에서 어떤 조치를 취하려고 노력했다. 중국 이민자의 대우문제와 그들의 제한, 통제, 중지, 금지는 심각한 외교적 마찰을 일으켰고 그 해결 방법으로 중미간에는 조약의 체결과 법률의 제정을 모색하였다.

중국 이민 문제에 관한 연구는 다양한 관점에서 이루어졌다고는 하지만 거의 예외 없이 기존의 연구들은 친 중국인 선입견을 띠고 있거나 이민자들이 학대받거나 등등 연구자가 그들에게 갖고 있는 몇 가지 특별한 관심에 의해 거의 대부분이 쓰여졌다.[5]

---

3 T.H. Hittell, *History of California*, N.J.Stone Co, San Francisco, 1898, pp.255-264.

4 M.A. Jones, *American Immigration*, Univ. of Chicago, Chicago, 1960, pp.248-249.

뱅크로프트(H.H. Bancroft) 같은 19세기 일부 민족주의 역사가는 중국인을 혐오하는 견해를 표명했고, 쿠울리지(M.R. Coolidge) 같은 역사가는 캘리포니아의 정치적 역량을 제대로 이해하지 못하여 편협한 견해를 드러냈다.[6]

바스(G. Barth)는 Bitter Strength(Harvard Univ. Press, Cambridge, 1964)에서 미국으로 가는 중국 이민과 동남아시아의 여러 지역으로 가는 중국 이민을 비교하면서, 미국으로 온 중국인은 본래 '체재자(Sojourners)'에서 결국 '이주자(Immigrants)'가 되었다고 그들의 성격을 규정했다.

밀러(S. Miller)는 The Unwelcome Immigrants(Univ. of California Press, Berkeley and Los Angeles, 1969)에서 중국인에 대한 미국인의 입장을 지성사적 시각에서 서술했다. 그는 다음과 같이 언급했다. "강력한 인종주의적인 측면에서 중국인 이민에 대해 취한 적대적 태도는 중국인 이민자가 미국에 입국하기 전부터 미국인의 마음 속에 이미 존재하였기 때문이다. 따라서 중국인 반대운동을 이해할 수 있는 결정적인 요인은 바로 중국인들이 미국에 들어오기 훨씬 전부터 중국인에

---

5 그 외의 연구 성과를 열거하면 다음과 같다.

R. Daniels, The Politics of Prejudice, Univ. of California Press, Berkeley and Los Angeles, 1962.

O. Gibson, *The Chinese in America*, Cincinnati, 1877.

G.F. Seward, *Chinese Immigration*, in its Social and Economic Aspects, N.Y., 1881.

Tien-Lu li, *Congressional Policy of Chinese Immigration*, Arno Press, N.Y., 1978.

6 M.R. Coolidge, *Chinese Immigration*, Henry Holt & Co. N.Y., 1909.

대하여 미국인이 가졌던 좋지 않은 이미지에서 찾아야 한다.”

색슨(A. Saxton)은 *The Indispensable Enemy*(Univ. of California Press, Berkeley and Los Angeles, 1971)에서 중국인 반대세력을 직접 다루면서 많은 중국인의 이주가 비교적 강력한 캘리포니아 노동운동을 결집시키는 집합체의 형성에 크게 기여하였다고 하였다.

샌드마이어(E.C. Sandmeyer)는 *The Anti-Chinese Movement in California*(Univ. of Illinois Press, Chicago, 1973)에서 중국인 반대운동은 국가 법률제정을 목적으로 지역적인 세력들이 정치적 수단을 이용한 것에서 비롯되었다고 인식했다.

이렇게 여러 역사가들에 의해 다양한 각도에서 연구가 진척되고 있고 최근 역사가들이 점점 더 미국의 과거와 현재의 중요한 요소로써 인종과 종족을 의식하기 시작한 시점에 있지만, 공식적인 인종차별주의를 드러낸 미국의 대중국 이민정책에 관한 종합적이고 체계화된 연구가 이루어지지는 않았다. 따라서 본 연구는 다음과 같은 문제의식을 가지고 미국의 대중국 이민 정책에 관하여 고찰하고자 한다.

첫째, 중미간 벌린게임의 조약에 따라 미국이 초기에는 환영하였으나, 1880년 중미 조약의 체결에서 중국 이민을 제한했던 배경은 무엇인가?

둘째, 중국 이민을 차별과 제한하려는 각 단체의 목적이 어떤 배경과 방법, 그리고 어떤 과정을 통해 성취되었는가?

셋째, 중국 이민을 전면 중지, 금지하려는 구체화정책, 즉 금지대상과 그 규정을 어떻게 수정, 보완 그리고 강화했는가?

넷째, 금지 지역의 적용과 그 규정을 시행하려고 행정부의 권한을 확대한 방법이 무엇인가?

다섯째, 미국의 대중국 이민 정책의 근본적인 기조와 방향은 결국 무엇인가?

이러한 문제점에 대한 세밀한 분석 과정에서 미국의 대중국 이민 정책의 배경과 특징, 그 기조는 물론 역사적 의의까지도 밝힐 수 있을 것이다.

무엇보다 우선 중미간에 체결된 조약과 이에 따라 제정된 미국의 모든 중국 이민 법률을 분석하는 것이 그 정책을 이해하는데 필수적이라고 하겠다. 특히, 연방의회의 국회문서와 국회의사록을 통해 중국 이민 금지법률의 생생한 제정과정과 배경을 살펴볼 수 있다.

본 연구에서 설정한 1880년에서 1904년의 기간은 미국의 중국 이민사에서 가장 중요한 시기이다. 즉, 중국 이민의 수적 증가로 인하여 그 수를 제한, 통제, 중지하려는 1880년의 중미 조약에서 중미간의 중국 이민 문제는 외교적 문제를 일으켜 양국 간은 첨예하게 대립하였고, 1904년 법 이후 의회에서 중국 이민 문제가 쟁점화 되지 않았던 시기이다. 현재도 그렇지만 이 시기 미국의 인종문제는 중요한 과제로 부각되었으며, 미국의 이민 문제는 남북전쟁 못지않게 중요하다고 할 수 있다.

02
중국 이민의 교섭과 그 배경

1. Burlingame 조약

중국은 전통적으로 문호를 개방하지 않아 외국과의 상호교섭이 기의 없었으며, 미국과의 관계도 이 같은 범주에 머물렀다. 미국과 중국과의 첫 외교는 1844년 커싱(C. Cushing) 공사가 상호관계를 맺으면서 수립되었다. 이 조약은 14년 후에 일부 개정 및 수정되었으며, 그 결과에 따라 1858년 리드(W.B. Reed) 공사가 새로운 조약을 체결하였다. 분명히 이 조약은 외형상으로 우호와 친선관계에 기초하여 체결되었지만, 조약의 각 조항들을 살펴보면 상호우호관계가 현저히 결여되어 있음을 알 수 있다. 그 이유는 이 조약이 중국에 거류하거나, 중국 내에서 무역을 하는 미국민들에 대하여 충분한 보호를 규정하고 있으나, 조약 내용 가운데 미국 내의 중국인에 대해서 보호를 한다는 항목이 빠져있기 때문이다. 더욱이 두 국민들 사이의 평화와 우호를 상호 제공하는 것으로 해석될 수 있는 두 조약의 제1조에서도 중국에 있는 미국인과 그들이 거주할 장소와 각각 관련된 항목이 삽입되어 있지만, 미국에 있는 중국인과 그들이 거주할 장소와 관련된 각각 항목은 없다.[1]

특히 1858년의 조약에서 중국은 미국에게 중국의 가장 우호적인 국가로서 권리를 주었음에도 불구하고 중국은 미국과의 관계에서 상호간 가장 우호적인 국가로서 권리를 가져야 한다는 구체적 내용을 명시하지 못하였다. 그 당시 중국에서는 이것을 불공평한 것으로 생각하지 않았다. 후에 캘리포니아주가 세금문제로 중국 이민을 차별하였음에도 불구하고, 이 조약에서 중국은 세부적으로 그들의 권리를 명시하지 못하였기 때문에 거의 이의를 제기할 수 없었다.[2] 따라서 이 조약은 불평등조약의 성격을 가졌다고 할 수 있다. 이 불평등 조약은 아편전쟁 이후 중국이 영국과 조약을 체결할 때 미국은 중국에서 상업적 특권을 획득할 목적으로 그 상황을 이용하였고,[3] 애로우호 사건 이후 중국이 영국과 협상 교섭 중 일 때 영국의 동맹국들이 중국에게 조약의 수정을 강요하였다는 것에서도[4] 알 수 있다.

그러나, 그 당시 중국은 미국과 대규모 교역 거래를 기대하지 못했던 것처럼, 미국도 그들의 영역 내에서 거류나 무역을 바라는 사람들에게 보호와 공정의 특별한 조항들이 미국에 있는 중국인에게 끼치게

---

1 4lst Congress, 3rd Session, *Congress Documents*, 1870-1871, Treaties and Conventions since July 4, 1776, pp.131-165.

2 M.R. Coolidge, *op. cit.*, pp.146-147.

3 J.W. Foster, *American Diplomacy in the Orient*, Boston, 1904, pp.77-80.

4 Tien Lu-Li, *op. cit.*, p.6.

될 영향을 예상하지 못했기 때문에 양국은 당시에 큰 관심과 의미를
두지 않았다.[5]

1860년에 중국에 온 미국 공사 벌린게임(Anson Burlingame)[6]은 양
국관계의 개선에 있어 괄목할만한 성과를 거두었다. 그는 초기의 자
유 이민론(Theory of Free Immigration)을 추종하였으며,[7] 와싱턴으로
귀국하자 1868년 벌린게임 조약으로 알려진 새로운 조약을 중미 간에
체결시켰다.

이 조약은 미국무장관 시워드(W.H. Seward)가 입안하였고, 모두의
환영 속에 양국대표에 의하여 조인되었다. 당시 캘리포니아에서 벌린
게임 조약은 양국 간의 새롭고 광범위한 무역과 우호 관계 개선의 선
구적 역할을 한 조약으로 알려졌으며, 이 조약에 따라 중국인을 초청
하게 되었고, 또한 양국민들의 자유로운 왕래가 가능해지면서 중국인
들의 미국 입국자 수가 급증하였다.[8]

그러나 1870년대로 접어들면서 초기의 환영했던 분위기와 달리 서
부의 각 주들은 벌린게임 조약의 폐지나 수정을 강력하게 요구하였고,
1880년에는 앵겔(Angell) 위원회를 중국에 파견하여 벌린게임 조약을
수정할 것을 요구하였다.

그러면, 벌린게임 조약은 어떤 과정을 통해 체결되었으며, 그 내용
과 조약이 갖는 의의를 살펴보자.

---

5 *Ibid.*
6 벌린게임은 6년 동안 주중미공사로 일한 후 중국 정부의 요청으로 그 직을 사임
   하고 1868년 중국 사절단장이 되어 미국과 유럽을 순방케 된다.
7 M.R. Coolidge, *op, cit.*, pp.147-148.
8 *Ibid.*, p.498 참조.

중국 이민자들은 이주 초기 그들의 평화로운 기질, 특이한 용모, 상이한 관습 때문에 미국인으로부터 호의적인 대우를 받았다.

그러나 서부 지역의 미국인들은 중국 이민자들과 임금과 고용부분에서 경쟁하게 되면서 다른 외국인뿐만 아니라 미국인들에게 영향을 주어 중국인의 저임금 노동은 심한 비난을 받았다. 그 때 "중국인은 물러가라(The Chinese Must Go)"라는 구호가 널리 퍼졌으며, 1852년에 이미 캘리포니아의 비글러 주지사는 중국인의 입국을 비난하는 특별메시지를 발표하였다. 그 뒤 중국인에 대한 주의 적대적인 감정으로 중국인을 차별대우하는 많은 법적 조치[9]가 취해졌다.

또 무력한 중국인은 구타, 강도, 살인 등 무분별한 폭력도 당했는데, 그 예로서는 1856년 12월 18일자 샤스타 리퍼블리컨(Shasta Republican)에서 "수백 명의 중국인이 우리 주에 몰려든 무법자들에 의해 지난 5년 동안 예사로 죽음을 당하였으며, 중국인의 피살은 거의 매일 일어났다"[10]라고 한 기사에서도 알 수 있다.

이와 같은 행위에 대하여 당시 미국인들 스스로가 반대 의사를 표명하였고, 중국인들도 또한 정당한 대우를 주장하였다. 또한 중국 정부도 이런 학대에 항의하였으나 별다른 소용이 없었다.

이런 불편한 관계 속에서도 북경의 미국 공사인 벌린게임에게 중국 황제가 외국과의 조약 체결 시 공식적인 중국의 대표가 되도록 요청을 하였을 때, 그는 미국 공사직을 사임하고 중국과 조약국 사이에서 아

---

9 3장 1절에서 밝혔듯이 1855年 Miner' s Tax Law 등을 들 수 있다.
10 B.S. Brooks, *Appendix to the Opening Statement and Brief on the Chinese Questions, San Francisco*, 1877, p.4.

기될 여러 문제에 관여할 수 있는 권한을 가진 최고사절로 임명되었다. 이 중국 외교사절은 1868년 6월 2일 와싱턴에 도착하여, 1858년 6월 18일 조약에 추가조항들을 포함시킬 조약교섭을 시작하였다. 이 교섭은 미국무장관 시워드와 벌린게임으로 대표되는 중국 사절 사이의 개인대담형식으로 행하여졌다.[11]

이 교섭은 모든 절차뿐만 아니라 그 세부적인 것에 이르기까지 시워드 장관이 주도하였다. 이것은 그가 신임 주중미공사 브라운(Browne)을 파견하는데 있어, 그에게 "중국과 미국의 조약수정에 관한 교섭에서 이전에 다른 국가의 사람들이 누렸던 것과 동일한 편의를 우리 미국 사람들도 누릴 수 있도록 해야 한다"는 이전 5월의 윌리암스(Williams)의 제안을 따르도록 한 사실에서[12] 불평등 교섭을 예고하고 있다. 1868년 7월 4일 조약은 와싱턴에서 체결되었고, 11일에 상원으로 이송되어 16일에 하나도 수정됨이 없이 비준되었다.[13]

그러면 조약수정의 방향을 이해하기 위해서 양국 교섭자들의 의도를 알아보자.

미국의 시워드 국무장관은 먼 장래에 미국의 태평양 지배를 마음에 품어 왔다. 그러므로 그는 특히 태평양 연안으로의 중국 이민을 무조건 찬성하였고, 이민은 문명의 한 요소이므로 끊임없이 계속되어야 한다고 인식했다. 한편, 벌린게임은 중국 제국의 번영과 문명의 진보를 위하여 중국과 대등(Equality)이라는 용어를 써야하며, 조약의 강대국

---

11 F.W. Williams, *Anson Burlingame and the First Chinese Mission to Foreign Powers*, N.Y. Charles Scribner's Sons, 1912, p.145.

12 *Ibid.*, p.146.

13 *Ibid.*, pp.148-152.

들은 중국에 대한 그들의 강압정책을 포기하고, 협력정책을 채택하여
야 한다는 확신하고 있었다.

그러므로 양국의 이와 같은 의도는 1850~1860년대 중국인에 대해
반대하는 미국인들의 감정을 변화시켰으며, 더 나아가 태평양 연안에
서는 승리와 열의를 가지고 이 조약을 환영하였다. 아래의 사실들은
이와 같은 감정의 변화를 설명한다.

첫째로, 캘리포니아 오크랜드에서 신임 주중미공사 브라운이 국무
성 1등서기 츄(R.S. Chew)에게 보낸 서한에 "캘리포니아 신문에서 새
조약이 환영을 받게 되었다는 것을 알렸는지 모르겠다. 여기 지역사
회에서 유력하고, 높은 계층의 신분에서 중국인들에 대해서 나쁜 감정
을 지닌 자는 없다"[14]고 한 것에서 중국인에 대한 반대감정은 태평양
연안 사람들 중에 결코 일반적인 현상은 아니었다.

둘째로, 중국 사절들이 샌프란시스코에 처음 상륙하였을 때, 중국
사절에게 베푼 축하만찬에서 하이트 주지사가 "이민 문제와 다른 문
제에 대하여 견해가 다를지 모릅니다. 그러나 중국과 여러 국가와 무
제한의 통상이 바람직하다는 견해에는 차이가 없을 것입니다"[15]라고
한 연설에서 태평양 연안의 모든 사람들이 중국과의 대규모 통상을 찬
성하는 것에는 변함이 없었음을 볼 수 있다.

셋째로, 중국인에 대하여 반대감정을 가졌던 자들 중 중국으로부터

---

14 *United States Department of State MSS.* 'China' Vol.28, Browne to Chew,
August 2, 1868.

15 The Chinese Mission to Christendom, *Blackwood's Magazine*, Vol.105, 1869,
p.199.

들어 온 계약노동자들과의 노동 경쟁으로 항의가 아주 강렬하였다는 것은 알 수 있으나, 미국 노동계층조차도 미국으로 들어오는 비자발적 이민은 형법상 위반이라는 조약의 조항에 만족하였다.[16]

넷째로, 태평양 연안은 태평양 철도의 완성으로 전례 없는 번영의 시기가 기대되었다. 그것은 수천의 중국 노동자들이 그 당시 건설에 참여하였으며, 그것이 완성되었을 때 국가는 확고한 연방 속으로 대서양과 태평양 영토를 결합할 수 있고, 태평양 주들의 발전에 강력한 요소로 작용할 것이라고 생각하였다.[17]

그러므로 중국인의 자유이민을 규정한 조항과 심지어 중국인 노동자들은 어떤 심각한 비난을 받지 않았다. 왜냐하면 중국인들은 철도 건설에 쓸모 있는 유일한 노동자들이었기 때문이다.[18]

1868년 벌린게임 조약 중 중국 이민 문제와 관련이 되는 제3, 4, 5, 6, 7조의 내용을 살펴보지.

제3조, 중국의 황제는 미국의 항구에 영사를 임명할 권리를 가지며, 그들이 미국의 공법과 조약에 따라 다른 국가의 영사들이나 양국이 향유할 특권을 가진다는 것에 동의한다.

이것은 중국이 1844년과 1858년에 이미 미국에 주었던 조약 내용을

---

16 41th Congress, 3rd Session, *Congressional Documents*, 1870-1871, Treaties and Conventions since July 4, 1776, p.167.

17 J.W. Foster, *op. cit.*, p.283.

18 Ho Yow, The Attitudes of the United States towards the Chinese, *The Forum*, Vol.29, 1900, pp.388-389.

그에 상응한 내용을 미국이 중국에 다시 준 상호 교차 특권이라 하겠다. 미국에서 중국 이민들의 비참한 상황을 구제할 목적으로 수여한 이 특권에 관해서 시워드 국무장관이 1868년 9월 7일 브라운 공사에게 보낸 전보에 의하면, "나는 태평양 연안지역의 중국 이민과 노동자들에 대한 우호와 동정을 부여하려는 윌리엄이 제안한 전보의 내용에 특별한 관심을 가지고 있다. 중국은 지금까지 미국에 외교대표나, 더욱이 미국 항구에 영사나 무역 대리인의 대표를 파견하지 않았다. 따라서, 중국인들이 이곳에서 학대를 당하는 경우에, 와싱턴에 있는 미국 정부에게 그들의 불평을 전할 공식적인 채널이 없었다. 우리가 최근 중국 사절들과의 조약교섭에서 우리는 현재의 잘못된 악폐들을 고치는 규정을 만들려고 애썼다"[19]라고 언급한 부분을 통해 미국이 중국에게 동등한 권한을 부여하였음을 알 수 있다.

제4조, 미국에 있는 중국인들은 완전한 종교의 자유를 향유하고, 어느 국가든지 그들의 종교적 신념이나 숭배문제 때문에 여러 능력을 발휘하지 못하게 할 수 없는 것처럼 그들은 종교적 박해로부터 보호받을 수 있다.

이것은 역시 1858년 6월 18일 조약의 29조가 중국에서 종교적 이유로 박해를 받아 온 중국의 미국인들에게 종교의 자유특권을 상호간에 교차 인정한 것이다.

이 조항에 대하여 스미스(M. Smith) 교수는 "미국에서 중국인들이 종교 활동을 자유롭게 할 수 있게 한 권리와 중국 내의 교육기관에 미

---

19 40th Comgress, 3rd Session, Congressional Documents, 1868-1869, Diplomatic Correspon-dence, Vol.1, p.572.

국인들이 자유롭게 입학할 수 있는 권리를 상호특권으로 교차 인정한 것은 실제적인 가치는 없었다. 왜냐하면 한쪽은 이미 향유하고 있었고 다른 한쪽은 거의 기대할 수 없었기 때문이다"[20]라고 하였다. 실제로 이 조항의 필요성은 태평양 연안에서의 중국인에 대한 적대감정을 인식하여 언젠가 박해를 면하기 위해 무엇인가를 붙잡고자 한 것에서 나온 것이라 하겠다.

제5조, 미국과 중국의 양국은 거주를 이전할 수 있는 인간의 타고난, 그리고 양도할 수 없는 권리와, 또 각자가 무역 또는 거주할 목적으로, 한 국가에서 다른 국가로 그들의 시민이나 국민들에게 자유로운 이민과 이주의 상호편의를 인정하며, 이 목적을 위하여 자유롭고 자발적인 동의 없이 상대방 국가나 다른 외국에 그들 국민을 보내는 것에 대하여 벌을 가하는 법을 통과시킨다.

이 자유로운 이주권은 생명과 자유를 향유하고 행복을 추구하는데 모든 사람의 타고난 그리고 양도할 수 없는 필수 불기결한 권리라고 1868년 7월 27일 미국의회가 선언한 것을 실제적으로 적용한 것이다.[21]

제6조, 중국을 방문하거나 거류하는 미국인들과 미국을 방문하거나 거류하는 중국민들은 최혜국의 시민이나 국민들이 향유할 수 있는 것으로서 여행과 거류에 대해 양국은 동일한 특권을 누릴 수 있다.

이 최혜국의 조항은 중국이 이전의 조약들에서 미국인에게 이미 주었던 호혜의 특권이다.[22]

---

20 R.M. Smith, *Emigration and Immigration*, N.Y. 1895, p.233.

21 40th Congress, 2nd Session, *Congressional Documents*, 1868-1869, Statutes at Large, 15장, pp.223-224.

이 조항에는 중국에 있는 미국인을 또는 미국에 있는 중국인들을 귀화 시킬 수 있는 조항이 아무것도 포함되어 있지 않았다. 다시 말한 다면, 이 조항이 중국인이나 미국인이 본질적으로 귀화를 할 수 있는 것으로 해석하는 것은 거부되었지만, 이것은 그들이 이 조항 때문에 귀화할 수 없다는 뜻을 나타내려는 의도도 아니었음은 분명하다.[23] 최혜국 조항에서 귀화조항이 제외된 것은 후에 중국인에게 선거권과 귀화를 거부하는 구실이 되었다.

제7조, 미국인들은 중국 정부의 관리 하에 있는 공공교육기관의 여러 특권을 누릴 수 있다. 반대로 중국인도 최혜국의 국민으로서 미국에서도 동일한 특권을 향유할 수 있다.

교육특권의 조항은 교육이 동화의 최대수단이라는 측면에서, 조약 체결자들의 선견지명을 볼 수 있으나, 그들은 1860년 4월 28일 캘리포니아 주 의회에서 몽골인이 공립학교에 다니는 것을 금지하는 법률의 통과[24]와 1866년 수정법에서 백인 어린이들의 양친이 문서로 반대하지 않아야만 백인 어린이들과 함께 등교가 허용된다는 것[25]을 모를 리가 없었다. 따라서 이 조항의 삽입은 매우 의도적이었다.

중국 정부가 이와 같은 내용의 조약 체결 비준을 주저하자 그란트(Grant) 대통령은 피쉬(Fish) 국무장관을 통하여 조속한 시일 내에 승

---

22 4lst Congress, 3rd Session, *Congressional Documents*, 1870-1871, Treaties and Conventions since July 4, 1776, Vol.2, pp.136-154.

23 4lst Congress, 2nd Session, *Congressional Globe*, 1869-1870, p.300.

24 *Statutes of the State of California*, San Francisco, 1865-1866, p.398.

25 *Ibid.*, 1860, p.325.

인을 하도록 중국 정부에 영향력을 행사해 줄 것을 북경의 미국 공사에게 권고한 것에서[26] 미국 정부가 이 조약에 걸었던 기대가 얼마나 컸는지를 알 수 있다.

그러나, 몇 년 후 상황은 바뀌어 휘트니(J.A. Whitney)는 "이 조약이 중국인 노동자 유입을 인위적으로 장려한 결과를 가져왔다. 이는 중국 이민을 직접적으로 촉진하는 잘못을 초래했다"[27]고 한 바와 같이 중국 이민의 증가에 따라 발생되는 여러 문제와 미국 내의 경제적인 불황이 복합적으로 작용하면서 중국인 반대감정을 부추겼다.

따라서, 1876년 미국 노동자들을 중심으로 대규모 군중집회가 개최되어 중국인 반대를 부르짖게 되면서 중국인 문제가 정치적인 주제가 되었다. 정치인들이 중국 이민에 관심을 가지면서 캘리포니아 주 의회와 연방의회에 법안을 상정하기에 이르렀다.[28]

중국인에 대한 반대, 제한, 차별을 설정하려는 이 입법과정에서 가장 장애가 되는 문제는 벌린게임 조약이었다. 그리므로 중국인에 대한 반대자들은 벌린게임 조약의 폐지나 수정을 요구하였고, 심지어 조약체결자들을 공공히 비난하였다.

1868년 벌린게임 조약에 대하여 윌리암스는 "조약체결에서의 잘못은 미국 측의 책임이 중국 측보다 큰 것 같다. 이것은 공식적 외교와 그에 관한 법규를 수정하는 것으로, 즉 계약당사자 간에 관습과 묵시

---

26 *United States Department of States MSS*, Vol.28, No.69.
27 J.A. Whitney, *The Chinese and the Chinese Question*, N.Y., Tibbals Book Company, 1888, pp.179-181.
28 E.C. Sandmeyer, *op. cit.*, pp.57-77.

적 이해로 용인되어 양국가의 당사자들이 그들 자신이 만족스럽게 향유했던 특권을 조약체결로 명문화할 것을 요구했으나 조약규정에 삽입하여 반드시 조약내용으로 전환할 필요는 없었다. 그것은 이 주권을 빼앗을 수 없다고 선언함으로서 모든 외국인에게 특권을 허용한 면책권, 즉 외국인 스스로가 요구하지 않았던 권리를 미국에 있는 중국인에게 부여함으로써 미국인이 스스로 느낀 당황함이었다. 그래서, 미국인은 몇 년 동안 그렇게 인색하게 거부했던 원칙에 불필요하게 자신을 얽어매었다"[29]는 것에서 미국의 중국인에 대한 우호적인 태도가 도를 넘었다고 미국인들은 주장하였다.

한편 "미국의 우호적인 태도가 실제 잘못된 결과를 가져왔다고 할지라도 그것은 정당한 원칙의 고수였으며, 그 결과에 대한 책임은 양국의 조약 협상자에게는 없으며, 실질적 책임은 조약의 폐지, 수정을 요구한 선동자들에게 있다"[30]고 보는 견해도 있다.

결국, 1868년 벌린게임 조약 체결 전 중미 간의 1844년, 1858년 조약은 상호우호관계가 결여되어 있었지만, 중국은 이 조약을 불공평한 것으로 생각하지는 못했다. 1860년대로 접어들면서, 미국의 노동력과 통상의 필요성으로 벌린게임 조약은 체결되었다. 이 벌린게임 조약 전에, 골드 러시(Gold Rush) 때 이미 중국인들이 미국으로 이주하면서, 중국인에 대한 반대감정이 일어났으나 그렇게 심한 정도는 아니었다. 오히려 노동력과 통상의 필요로, 태평양 연안에서는 벌린게임 조

---

29 F.W. Williams, *op. cit.*, p.158.
30 Tien-Lu Li, *op. cit.*, p.23.

약의 체결을 환영하였다.

그러나, 1870년대 중반으로 오면서, 중국 이민의 급격한 증가와 경기침체에 따른 실업의 증가와 임금의 감소는 미국인들에게 커다란 불만 요인이 되었다. 미국인들은 이 불만요인을 중국 이민과의 경쟁에서 빚어진 것으로 돌리게 되면서 중국인의 이민 반대, 차별, 이민의 수를 제한하려는 기운이 팽배하게 되었다. 실제로 이 벌린게임 조약은 예상하지 못했던 중국 이민을 촉진시켰고, 그 이민의 증가에 따른 여러 사회문제가 파생됨으로 미국은 당황하였다. 당시 중국인의 이민 반대, 차별, 제한하려는 여러 법률과 법령의 입법요구를 가로막는 장애가 벌린게임 조약이라는 것을 미국은 알고 있었기 때문에 태평양 연안 사람들 중 특히 노동자 계층을 중심으로 벌린게임 조약의 수정이나 폐지를 주장하였다. 이것에 따라서 미국은 앵겔 위원회를 통하여 1880년 벌린게임 수정 조약을 체결하기에 이른다.

1868년 벌린게임 조약은 그 이전의 조약이나 협정과는 달리 호혜성에 입각하고 있으나. 이 조약의 내용을 살펴보면 중국에 대한 미국의 모순되는 정책이 내재되어 있다. 이 조약이 체결될 때, 미국은 자신들의 무역과 상업활동의 보호에 대한 반대급부로 중국에게 자유로운 이주와 국제교류를 보증하였으나, 예상 밖으로 중국 이민이 증가하면서 그들이 많은 문제를 일으키자 마침내 자유 이민주의를 포기하고 외국인의 이민을 제한하는 법안을 제정하였는데 이 법안은 실제로 중국인의 이민을 제한하는 결과를 가져왔다.

2. 중미 조약의 체결

1848년 미국의 서부에서 금광의 발견과 태평양 횡단 철도의 건설로 인한 노동력 유입의 유혹과 수요는 1852년 이래 중국인의 미국 입국을 급속히 증가시켰다. 또 1840~1860년 사이 유럽 이민의 계속된 유입이 정치, 경제, 사회 부분에서 많은 문제를 야기 시켰기 때문에, 캘리포니아뿐만 아니라 대부분 지역에서 무제한 이민이 바람직하지 않다는 여론이 조성되었다. 특히 1870년대 중기부터 경기불황에 따른 산업침체로 인한 실업의 증가와 임금의 감소에 대한 불만은 날이 갈수록 심화되었다. 일반대중들은 이런 고통 발생의 원인을 중국인과의 노동 고용 경쟁으로 돌렸는데, 실제로 중국인들은 이미 담배제조업 노동을 독점하였으며, 신발제조업 고용 부분에서도 백인보다 수적으로 우세하였고, 세탁업, 가사 노동, 과일통조림 제조업, 농업, 어업에 이르기까지 많은 수를 점유하였다.[31]

이 중국인이 산업현장의 노동자로 고용됨에 따라, 미국 노동임금은 1850년 이래 급속히 하락하였고, 1877년까지 여전히 하락의 흐름은 계속 되었다. 이것은 브룩(B.S. Brook)이 샌프란시스코의 154개 직종에서 1875년과 1876년 사이의 상대적인 임금을 비교 · 분석한 결과로 알 수 있다. 약 106개 직종에서 임금이 낮아진 반면, 단지 약 52개 직종에서 임금이 현상 유지되었다.[32]

---

31 57th Congress, 1st Session, *Senate Document No.137*, Some Reasons for Chinese Exclusion, 1902, p.13.

따라서 중국인에 대한 강한 적대감정의 표출은 많은 중국인이 거주한 캘리포니아를 중심으로 심하였다. 특히 노동계층은 중국인을 반대하는 집회를 개최한 후 중국 이민을 제한·차별 법안을 제정하도록 주의회와 연방의회에 청원을 하였다. 그러나 그들의 노력이 제대로 반영되지 못하여 영향력이 없게 되자, 더욱 더 조직적으로 대응해야 한다는 인식이 확산되면서, 커어니의 영도 하에 노동당을 조직하였다.

1877년 8월에 노동자들의 집회가 새크라멘토에서 개최되었는데, 여기에서 결의안 중의 하나로 벌린게임 조약의 폐지안을 채택하였다, 왜냐하면, 중국인에 대한 차별대우와 그들의 도래를 저지할 목적으로 제정된 여러 법률과 법령은 벌린게임 조약이 체결됨에 따라 법적 효력을 발휘하지 못했기 때문이다.

당시 캘리포니아인들은 중국인이 계약노동자, 범죄자, 매춘부, 병자라고 매도하면서 그들을 제한하는 법을 제정해야 한다고 요구하고 있으나, 실제 그들은 상인계층을 제외한 모든 중국인의 금지를 바랐으며, 이 목적을 실현하려면 무엇보다도 벌린게임 조약의 수정이나 폐지가 필수적이었다. 커어니의 노동당은 조약의 폐지를 요구하였으며, 두 국내정당도 입법제정을 서부의 유권자들에게 약속하고 설득하기에 이른다.[33] 그러므로, 정치가들은 벌린게임 조약의 폐지가 그들의 불만을 해소시키는데 가장 확실한 최선의 방법이라고 생각하고 있음을 알 수 있다.

이미 1876년 캘리포니아 주 의회에서는 어떤 계층의 중국인이든지

---

32 B.S. Brook, *op. cit.*, pp.89-94.
33 M.R. Coolidge, *op. cit.*, p.150.

그들의 이주를 막기 위해 벌린게임 조약을 수정하는 조치를 연방정부에 요구하는 법안을 통과시켰다.[34] 벌린게임 조약의 폐지나 수정하려는 의회의 노력은 1879년 1월 28일 켄터키 출신 윌리스(Willis) 의원이 의회에 제출한 교육과 노동위원회의 보고서에서 찾아볼 수 있는데 그 내용은 다음과 같다.

"대통령에 의해 위헌이라고 선언된 주 법률과 구제에는 별 효과 없던 모든 다른 조치들을 마침내 의회에 호소하기로 결정하였다. 따라서 1878년 12월 22일 41차 의회의 둘째 회기에서는 성공하지는 못했으나 소기의 성과로 제한법을 제정하였다. 42차 의회와, 43차 의회의 많은 노력들은 공공집회의 결의문, 청원서 등 기록으로 남겨져 있다. 44차 의회 개회의 첫 회기에서 구제를 위한 이 새로운 호소들이 처음으로 호감을 샀다.

미국 대통령에게 양국 사이의 조약의 조항을 수정하고, 상업적 목적을 제한하기 위해서 중국 정부와 교섭을 시작하도록 요구하는 공동 결의안이 의회에 상정 통과시켰다. 그 후 동일 회기에서는 대통령에게 각각의 국가에 이민을 통제하고 금지하는 권한에 반하는 조치, 즉 양국 정부 상호 간에 체결 했던 1868년 7월 28일 조약 내용에 추가조항을 덧붙여 중국 정부에 요구하는 또 다른 공동 결의안을 통과시켰다. 의회 측의 이 권위 있는 요구에서도 불구하고 바랐던 구제를 얻지 못했다. 절박한 사정을 인식한 캘리포니아 주 의회는 중국인 반대를 공표할 훌륭한 보고서를 만들 특별위원회를 설치할 것을 발의했다.

그 후 이 문제에 관한 방대한 증거를 수집한 44차 의회에 의해, 그리

---

34 *Statutes of the State of California*, 1875-1876, p.906.

고 그런 이민을 제한하거나 막기 위해 벌린게임 조약의 즉각적인 변경의 필요성을 행정부에 촉구하는 수많은 보고서에 의해 공동 위원회의 위원들이 임명되었다.”[35]

1879년 45차 의회에서는 한 척의 배에 한 번에 15명 이상의 중국인을 미국에 싣고 올 수 없다는 내용의 상정 법안인 15명 여행자법안(The Fifteen Passenger Bill)이 상·하 양원에서 통과되었다.[36]

이 법안은 헤이스(Hayes) 대통령에게 송부하였으나 거부되었고, 그는 오히려 중국 이민에 관한 사항은 벌린게임 조약의 조항에 이미 명확히 규정되어 있다는 견해를 피력하면서 의회가 조약을 폐지 할 수 있는 권위를 갖고 있지만, 새로운 조약을 체결하거나 현행 조약을 수정할 권한은 의회에게 주어진 것이 아니라 의회의 권한은 권고와 동의하는 것이며 그것은 대통령의 고유한 권한이라고 하였다.[37]

한편, 그는 경우에 따라 벌린게임 조약의 재 고려를 제의할 수 있으며, 당연히 정치적, 사회적 문제를 포함하고 있는 이 조약의 어려움에 관하여 신중히 인식하고 있다고 말하였다. 또 태평양 연안 주 시민들의 불만에 주목한 의회와 행정부 측에서는 우려하면서 시정에 관심을 갖겠다고 맹세하였다.[38]

정부에 의해 취해진 조치는 1879년 4월 23일 국무성에서 북경 주재 시워드 미국 공사에게 “지금 주미중국 공사는 그들 국민들을 캘리포

---

35 45th Congress, 3rd Session, *Congressional Record*, Vol.8, Part I, p.793.

36 M.R. Coolidge, *op. cit.*, pp.135-150.

37 45th Congress, 3rd Session, House Journal, 1878-1879. House Report No.62, p.606.

38 *Ibid.*

니아로 들어오지 못하게 하는 문제에 관하여 미국 정부와 교섭할 권한을 갖고 있지 못하기 때문에 북경에서 중국 정부와 교섭하는 것이 바람직하다. 그러므로 당신은 임지에 이르자마자 조약의 수정 논의를 시작해야 한다. 또 빈민, 범죄인, 계약노동자의 이주를 사악한 것으로 보아 중국 정부의 협력으로 미국은 이민을 줄이고 억제하기를 바라며, 벌린게임 조약의 수정에 관한 중국 정부의 태도를 정확히 확인하도록, 그리고 미국은 더 강경하게 이 문제에 접근할 수 있는 처지에 있다는 것"[39]을 지시하였다.

시워드는 미국에서의 상황과 이 문제에 대한 중국 정부의 태도를 잘 조율하면서 양국 사이의 우호감정을 해치지 않는 범위에서 국무성의 지시를 수행하였다.

북경에서 시워드는 교섭을 통해서 4계층의 사람, 즉 범죄인, 매춘부, 병자, 계약노동자들의 이주를 막는데 미국 정부와 협력하기로 중국 정부의 동의를 얻는데 성공하였다.

반면, 중국의 외무대신 쿵(Kung)은 "미국 정부는 지금까지 유지되었던 양국의 상호우호관계에 손상이 가지 않는 범주 내에서 중국인을 보호하는데 모든 노력을 기울려야 할 것이다"[40]라는 논평을 통해 미국에 있는 중국인의 보호에 관한 중국 정부의 정당한 기대를 표명했다.

그러나, 교섭에서 어떤 바람직하지 않은 계층의 이주를 막아 줄 것으로 기대한 시워드의 요청은 미국 정부의 바람과는 상당히 대치되는 요구였다. 이것은 후에 임명된 위원회가 미국 정부의 목적을 올바르

---

39 47th Congress, 1st Session, 1881-1882, *Senate Document* No. 175, Vol. 6, pp. 4-5.
40 *Ibid.*, p. 11.

게 나타내지 못했다는 이유로 시워드의 제안을 거부한 데서 알 수 있다.[41]

따라서 정부는 이 사전의 교섭에 만족하지 못하고 또 다시 앵겔 위원회를 구성하게 되었다.

1880년 5월 25일 캘리포니아의 쉬프트(J.F. Swift)와 트레스콧(W.H. Trescot) 그리고 중국 공사가 된 앵겔은 두 정부 간의 교섭을 통하여 문제를 해결하고 신조약을 체결할 적임의 위원으로 임명되었다.[42]

이들은 9월 27일 북경에 도착하여 중국 위원들과 충분한 의견을 상호 교환한 후 여론의 동향에 순응하면서 중국 이민에서 발생한 문제점을 좀 더 자유롭게 현행 조약에 반영하고, 수정 보완된 조약을 보증 받으려고, 미국 정부 측에서 그들이 언급한 내용을 문서로 작성하여 제시하였다.

미국 위원들이 제시한 문서의 내용을 살펴보자.

첫째, 미국의 영토에서 모든 중국인들의 특권이 확장되었음에 반하여, 미국인들은 중국의 몇 몇 개항장에서 제한된 특권만을 얻었으므로 양국 간의 조약에 호혜성(reciprocity)이 부족하다.

둘째, 이민은 중국 정부의 정책과 상반된다.

셋째, 스페인과의 최근 조약에서, 중국 정부는 중국 이민에 대하여 쿠바의 지방관헌에 자유 재량권을 주었다고 주장하였다.[43]

---

41 47th Congress, 1st Session, 1881-1882, *House Executive Document* No.1, Foreign Relations, Vol.1, p.176.

42 M.R. Coolidge, *op. cit.*, pp.152-153.

이 요구사항을 분석해 보면, 그들이 현행 조약을 수정하기보다 오히려 교섭을 시작하려는 구실이라는 것을 알 수 있다.

이에 대하여, 중국 위원들은 "중국 이민은 미국인들에게 많은 노동을 제공하였고 그들의 노동이 미국에게 상당한 이익을 주었다. 미국의 불평은 중국인들이 저임금으로 숙련노동을 제공한 점, 지금 그들이 노동시장의 경쟁 상대자가 되었다는 점 때문이다. 결국 중국인이 미국으로 이민 오지 않기를 바라고 있다. 중국인에 대한 학대는 중국인의 이주가 증가하면서 부수적인 것으로 일어났다는 사실을 미국 정부는 인정하였다. 외무부는 지난 해 중국으로부터 입국하는 계약노동자, 범죄인, 매춘부, 병자의 4계층을 금지할 목적으로 시워드가 교섭을 시작하는데 동의하였다. 당신의 공사가 우리와 많이 논의한다면, 상호간의 교섭을 공정히 해결할 수 있고, 또한 곤란한 점은 피하면서, 양측은 유익한 결론에 이를 수 있다. 우리는 시워드의 제안에 대해 더 많은 논의를 할 준비가 되어 있으나, 이런 교섭이 벌린게임 조약의 규정과 대치되지 않아야 한다"[44]는 조건을 마지막에 붙였다.

이 중국 측의 견해는 "중국인은 저임금으로 숙련된 노동을 제공하기 때문에 미국의 하층민의 불평이 심하다는 주장으로 그 해결책은 정부의 정책 기조를 즉시 변경해야 하지만, 현행 미국 헌법과 현행 조약의 모순으로 나타난 결과로서 중국 정부가 해결책은 찾을 수 없다. 더 나아가서 우리 중국 정부는 시워드가 독단으로 중국 정부에게 제출했

---

43 47th Congress, 1st Session, 1881-1882, *House Executive Document No.1*, Foreign Relations, Vol.1, pp.171-173.

44 *Ibid.*, Vol.2, Part I, pp.173-174.

다는 그의 제안에 대하여 미국 정부가 그에게 어떤 권한을 주었는지
또 어떤 권한을 승인하였는지 전혀 모르기 때문에 시워드가 제출한 제
안을 근거로 교섭을 진행하는 것에 반대한다"[45]는 것이다.

이와는 달리 미국 정부는 이민이 유익하다는 것은 그 정도가 미미
하며, 어떤 상황 하에서든 이민에 관한 결정권을, 그리고 이민이 유해
할 때 이민을 금지할 권리를 가져야만 한다고 생각했다.

그러므로 이민은 양국의 우호관계에 저촉되지 않는 내에서 수행되
어야 한다는 벌린게임 조약 수정에 중국은 동의해야 할 것이다. 당신
들이 벌린게임 조약을 수정하지 않고도 우리의 바람이 이루어질 수 있
는 어떤 방법을 제시한다면, 우리는 기꺼이 그것을 고려할 것이다.[46]
이에 중국은 시워드의 제안이 벌린게임 조약을 수정하고자 하는 의미
라면 미국 정부가 지금 시워드의 제안을 인준하지 않은 것이 분명하
다. 따라서 우리는 당신들과 함께 방법을 협의할 준비가 되어 있다고
밝힘으로서 교섭은 급진전되었다.[47]

따라서, 미국 위원들은 벌린게임 조약의 수정을 위한 초안을 제출하
게 되었는데 그 초안의 요점을 살펴보자.

제1조는 중국과 미국은 무역, 여행, 교육, 연구 또는 호기심으로 상
대국을 방문하거나 거주하는 자국민들에게 최혜국의 모든 특권이 주
어지는 것에 동의한다.

---

45 *Ibid.*, pp.175-176.
46 *Ibid.*, p.177.
47 중국 측의 협상태도 변화는 뒤에서 밝혔듯이 벌린게임 조약을 폐지할지 모른다
    는 두려움 때문으로 생각된다.

제2조는 중국인 노동자들이 미국으로 유입되어 미국의 이익과 안녕 질서에 유해를 초래하면 언제든지 미국 정부가 이민을 통제(regulate), 제한(limit), 중지(suspend), 금지(prohibit) 할 수 있다. 그리고 중국인 노동자란 용어는 교육, 무역, 여행, 연구, 호기심을 위한 이주를 제외한 모든 이민을 의미한다.

제3조는 미국에 있는 모든 중국인은 현 조약에 의한 보호를 보증 받아야만 한다.[48]

이 초안에 대하여 중국 위원들은 제1항의 규정은 현행 조약의 부분을 재규정한 조항으로 불필요하고, 제2항에서 중국인 노동자란 용어가 교육, 연구, 여행, 호기심으로 미국으로 가는 사람들을 제외하고 미국행을 선택한 모든 사람들을 포함한다는 것은 현행 조약의 정신에 부합되지 않고, 실제 운용에 있어서도 많은 어려움에 직면할 것이다. 또 통제한다는 말을 다른 용어와 관련시켜 볼 때 막연한 표현이며, 우리가 금지한다는 용어를 채택하기가 매우 어렵다고 하였다. 그들은 덧붙여 중국인 노동자들의 이주제한의 기간과 제한 인원수를 미국 위원들에게 제안하였다.[49]

이에 미국 위원들은 제1항에 관해서 중국 위원들이 언급한 것에 동의하였으나, 기간과 인원에 관해서 미국은 중국 정부에게 이민의 통제, 제한, 중지 또는 금지를 요청한 것이 아니라 미국 정부 자체의 판단에 맡겨져 있다는 견해를 표명하면서 그렇게는 할 수 없다고 언급하

---

48 M.R. Coolidge, *op. cit.*, p.157.
49 *Ibid.*, pp.157-158.

였다. 단지 중국인 노동자들의 이주제한에 관하여 양국가는 성의를 가지고 상호 이익과 우호 증진을 고려하여 법률을 제한해야만 한다고 하였다.[50]

이런 제안에 중국 위원들이 설득당하면서 조약수정안에 대한 교섭이 시작되었다. 서로가 제출한 조약을 상호 검토 후 그 차이점은 토론을 통한 조정 후 제2조의 금지란 용어를 뺀 후 협정에 합의하였다.

그러면 1880년 11월 17일 체결된 조약의 내용을 살펴보자.

제1조, 미국 정부는 중국 노동자의 미국 도래와 그들 거류가 미국의 이해관계에 영향을 미치거나, 위협이 되거나, 또 그 영토 내에서 미국이나 어떤 장소의 안녕질서를 위태롭게 할 때, 언제든지 중국 정부에게 그런 도래나 거류를 통제, 제한, 또는 중지할 수 있다는 것에 동의한다. 그러나 절대로 그것을 금지할 수 없다.

제한이나 중지는 이치에 맞아야 할 것이고, 노동자로서 미국에 입국하는 중국인에게만 적용될 것이며, 이민자들은 개인적인 학대나 혹사를 당하지 않는다.

제2조, 중국인이 그들 가족과 하인과 함께 교사, 학생, 상인으로 미국에 가든, 호기심으로 가든 지금 미국에 있는 중국 노동자들이 그들 자신의 자유로운 의지로 왕래하는 것은 허용될 것이고, 최혜국 시민과 국민들에게 부여되는 모든 권리, 특권은 주어질 것이다.

제3조, 영구히 또는 일시적으로 중국인 노동자나 어떤 다른 계층의 중국인이 타인으로부터 미국 내에서 나쁜 대우를 받으면, 미국 정부

---

50 *Ibid.*, p.158.

는 그들의 보호를 위한 조치를 강구함과 함께, 또 최혜국 시민이나 국민으로서 누릴 수 있는 권리와 똑같은 권리, 특권을 수여하는데 노력한다.

제4조, 계약 당사자들은 전술한 조항에 동의하였고, 미국 정부는 그것에 따라 입법 조치를 취할 때면 언제든지 그 조치 내용을 중국 정부에 통보해야 한다. 제정된 법률 조치가 중국 정부를 곤경에 처하게 하는 것이 밝혀진다면, 와싱턴에 있는 중국 공사는 그 문제에 관하여 미 국무장관에게 이의를 제기할 수 있다. 국무장관은 중국 공사와 그 문제를 숙고할 것이다. 반대의 경우 중국 외무부는 북경에 있는 미국 공사에게 알려야 한다. 그리고 상호간 무조건 이익이 생길 수 있도록 발생한 그 문제에 관하여 숙고해야 한다.[51]

1880년 수정조약의 체결 과정과 조약문이 갖는 의의를 살펴보면, 이 조약은 한마디로 중국 정부 측의 전적인 양보라고 할 수 있다. 이 조약을 후에 아더(Arthur) 대통령이 일방적(unilateral)인 조약이었지, 호혜적(reciprocal)인 조약이 아니었다고 언급한 것 같이 중국이 벌린 게임 조약 하에서 향유하였던 권한을 미국에게 양보하는 결과가 되었다.[52]

또, 1878년 시워드가 제기했던 이전의 조약에서 호혜성이 부족하였다는 것과, 이 조약이 실제로 미국 위원들에 의해 진행된 것이므로 호혜성의 문제에 대해서 위원들이 부족하다고 언급한 것은 중국에 있는

---

51 Tien-Lu Li, *op. cit.*, p.12.
52 47Congress, 1st Session and Special Session, 1881-1882, *Senate Journal*, p.527.

미국인들이 결코 중국 당국의 지배를 받지 않는다는 말이 잘 대변하며, 중국은 이런 특권을 미국에 주었던 것이다.[53]

실제 미국에서 중국인 이민으로 드러난 불만에 대해서 중국은 조약 규정의 엄격한 실시를 요구 할 수 있는 권리를, 또한 미국이 이 조약의 수정을 요구하는 권리와 똑같은 권리를 가졌다. 그러므로 중국은 호혜성이 부족하지 않다고 생각했으며, 현행 조약의 수정이라는 점에서 별 다른 이유가 없었다.

특히 어떤 다른 정부보다 더 자주 미국 정부는 국민의, 국민에 의한, 국민을 위한 정부임을 주장하면서, 미국에서 평화를 저해하고 국가의 안전을 위태롭게 한다는 중국 이민의 문제는 미국의 대다수 국민이 관심을 갖는 문제 중의 하나가 되었고, 관심의 주문제가 되었으며 심지어 의회에서 논쟁을 야기 시켰다.

그러므로 조약의 수정을 위해 중국에 파견된 앵겔 위원회가 만족스런 결론에 도달하지 못한다면, 상황은 더욱 더 어렵게 되어 벌린게임 조약의 폐지를 강요할지도 모른다는 부담을 정부는 느끼고 있었다.[54]

즉 1868년 맺었던 벌린게임 조약은 수정해야만 하는 정치적 배경이 있었다는 것이다. 1868년 조약 후 3차례의 대통령 선거 동안 캘리포니아 주는 공화당 쪽이었으나, 그 차이는 아주 근소하였다. 1880년 선거 때 노동자들의 유동표를 잡기 위하여 중국인 문제를 공표하였던

---

53 *Ibid., House Executive Document No.1*, Vol.1, Foreign Relations, part I, p.174. 중국에 있는 미국인들이 중국 당국의 지배를 받지 않는다는 말은, 반대로 미국에 있는 중국 이민들은 결코 미국 당국의 지배를 받지 않는다는 것을 의미한다.
54 *Ibid.*, p.185.

것이다.

특히 중국에 파견된 앵겔 위원회 통역자인 홀콤(C. Holcombe)은 "이 상황을 토대로 공화당 지도자들은 정치적 지배를 획책하였다. 그 일환으로 중국 노동자들의 유입을 제한하는 입법이 의회에서 승인되었다. 즉 조약을 교섭하기 위하여 북경으로 가려는 특별위원회를 임명하는 법안이 의회에서 준비되어 제출되었다. 민주당은 공화당이 그들보다 앞지른 것에 대하여 다소 불만이 있었지만, 상정된 법안 자체에 반대하는 민주당 의원은 아무도 없었고 그것은 즉시 통과되어 중국으로 향하여 위원회가 출발하게 되었다"[55]고 밝히고 있다.

한편 중국은 미국과의 우호관계에 금이 갈까 매우 우려하였고, 중국에 대한 미국의 요구와 미국이 조정하려고 노력한 점도 잊지 않았다. 또 중국은 미국의 동기와 목적을 의심하지 않았으며, 미국 정부가 중국에 대하여 아주 공평하게 처리할 것이라고 굳게 믿었다. 더욱이 중국은 중국인들이 쿠바와 그 외의 지역에서 당했던 잔인한 행위에 대하여 중국 정부에게 관심을 처음으로 불러일으킨 것이 미국 정부였다는 점을 상기하면서, 미국 정부가 중국인에게 대우를 하려고 했던 미국의 정신을 중국은 아주 잘 알고 있었다.[56]

결국, 한편으로 미국 정부는 주로 중국인의 악폐(Chinese Evil)가 있다고 확신해서 조약의 수정을 요구한 것은 아니며, 다른 한편으로 중국 정부가 전술한 내용과 같이 조약의 수정이 단지 미국 대표들에게

---

55 Chester Holcombe, The Restriction of Chinese Immigration, *Outlook*, Vol.76, 1904, pp.973-974.
56 47th Congress, 1st Session, 1881-1882, *House Executive Document No.1, Vol. 1*, Part I, p.174.

설득 당했다는 이유만으로 그와 같이 양보했다고 말할 수 없다. 그러나 양측은 불행하게도 벌린게임 조약을 폐지할지도 모른다는 그런 동일한 위기감의 희생자였다고 말할 수 있다.

따라서 이 조약에서 중국은 한정되고, 잠정적인 중국인 노동자의 입국권리를 승인 받았으나, 미국은 이런 권리운용에 "이해관계에 영향을 미치거나, 안녕질서를 위태롭게 할 때"라는 제한조건을 붙였다. 미국은 이것에 근거하여 후속 법률 제정에서 노동자의 정의문제와 노동자의 입국 금지 연한을 포함시켰다. 그러나 조약의 조항에 명확히 노동자를 정의하지 않은 것과, 절대로 금지하지 않았지만, 이것은 제한이나 중지를 이치에 맞게 합리화했다는 측면에서 볼 때 미국의 위약이라고 하겠다.

03
중국 이민의 차별과 제한

1. 주법과 시 조례의 위헌판결

중국 이민에 대한 초기의 차별과 제한은 광부세법, 격리학교법, 위생법, 부녀자법, 공간사용령(The Cubic Air Ordinance)과 변발령(Queue Ordinance)을 통해 살펴 볼 수 있다.

중국인에 대한 차별과 제한은 광산에서부터 시작되었는데, 1849년부터 캘리포니아주의 각 광산에서 중국인을 추방하는 사건들이 자주 일어났던 것이다. 그 이유는 풍부했던 광산이 고갈되어 채광이익이 감소되었으나 사람들은 계속 캘리포니아로 몰려왔기 때문이다. 그러하여 외국인에 대한 반감이 고조되면서 "캘리포니아는 미국인의 것이다"라는 구호가 캘리포니아 일대에 확산되었다.

중국인을 차별과 제한하려는 최초의 입법조치는 외국인 광부들에게 세금을 부과하는 문제와 관련이 있다. 캘리포니아에서 금이 발견되자 금을 찾아 세계 각지에서 몰려들었는데 이들 가운데 라틴아메리카 출신이 많았다. 몰러드는 이들에 반대하는 법안 제정은 인종편견과 미국에서 그들이 소득의 많은 부분을 차지한데 기인한다. 이때 중국인들도 라틴 아메리카 사람들과 함께 고통을 당했다.

1850년 미국 태생의 시민이 아니거나 과달루페 이달고(Guadeloupe Hidalgo) 조약의 조치에도 불구하고 시민권을 획득하지 못했던 모든 광부들은 한 달에 $20을 납세해야 했고, 또한 허가증을 받도록 강요받았다. 그렇지 않으면 벌금을 납부하거나 투옥되었고 심지어 광산에서 추방되는 처벌을 받았다. 그러나 이 법의 원래 취지는 본래 칠레, 멕시코, 오스트레일리아 출신 광부들을 대상으로 한 것이었고, 중국인 광부들은 다른 일을 하는 여러 단체 중의 하나에 소속되어 있었다. 이 법은 주 고등법원에 의해 확정되었지만 그 시행에서 문제점이 발견되어 몇 년 후에 폐지되었다.

1852년 중국 이민의 대규모 증가와 이들을 쿠울리 제도에 따라 수용하려는 명백한 시도와는 대조적으로 미국의 절박한 문제인 외국인 규제법(Anti-Foreign Legislation)이 제정되었다. 한편 개최된 대중 집회에서는 주에서 비천한 아시아인들을 끌어들이려는 선주, 자본가, 상인들의 노력에 항의하였고 또한 자경단(Committee of Vigilance)을 조직하여 중국인 재산을 불태워 버렸다. 또 중국에서 계약을 체결하고 캘리포니아에서 시행하려고 했던 상원의원 팅글리(Tingley) 법안은 좌절되었다. 이 대중 집회에서 언급한 메시지에 대한 토론은 후에 중국인 제한운동에서 자주 나타나는 공통된 요소였으며, 그 후 이 문제는 쿠울리 비난에서 쟁점이 되었다.

그러한 논쟁의 결과로 외국인 광부는 한 달에 $3의 새로운 세금을 부과받았고 고용주들은 의무조항으로 그들의 세금 납부의 책임을 요

구받았다.[1]

1853년 주 하원은 중국인 문제에 관한 특별위원회로부터 방대한 보고서, 특별히 중화회관에 관한 보고서를 받았다. 그 주 의회의 결정에 따라 세금은 한 달에 $4로 증가되었고, 세금을 납부하지 않을 경우 미납자의 재산 압류 및 매각할 권한을 징수관에게 부여하는 조항과 함께 효과적인 세금징수를 위하여 상세한 조항도 포함되어 있었다.[2]

1855년 중국인 문제에 대하여 큰 소요가 일어났다. 샤스타(Shasta)군에서 개최된 광부들의 집회에서 중국인이 모든 광산을 빼앗았다고 비난하고, 즉시 그들이 계속 유입되는 것을 금지하지 못하다면 주에 불명예를 가져올 수 있는 유혈국면이 따를 것이라고 주장하였다. 사실 보고서에서는 악폐는 중국인 출현 때문이라고 하였으나 주 양원에 의하여 임명된 특별조사위원회의 보고에 따르면 다양한 분석을 보여주고 있어 어느 정도 시각 차이가 있었다. 그러나 주 양원의 대다수는 "우리는 중국과의 무역을 원하지만 그들의 유입인구의 과잉은 원하지 않는다"고 하여 동방무역과 중국 이민과의 관계를 인식하면서, 이와 관련된 직접적인 원인은 중국 노동자와 자본가에 대한 미국인 노동자와의 노동경쟁이라고 주장하였다.[3]

미국 노동자들은 우리 주의 큰 광산에서 일할 독점적인 특권과 권리를 요구하였고 외국인 노동자계층을 광산에서 몰아내어 미국 노동자들의 보다 나은 수준의 유지를 요구하였다. 그러나 노동자의 주장과는 달리 자본가들에게 중국인 노동자들의 유입을 허락하였기에 노

---

1 Statutes of the State of Califorrnua, San Francisco, 1852, p.84.

2 *Ibid.*, 1853, pp.62-63.

3 E.C. Sandmeyer, *op. cit.*, p.42.

동자와 자본가 사이의 균형은 깨지고 자본가가 승리하게 되었으며 가난한 미국 노동자들은 지독한 희생을 감수하지 않으면 안 되게 되었다.[4]

실제로 의회 특별위원회는 시민으로서 부적격한 모든 외국태생 사람들에게 주의 광산에서 일할 특권을 주지 말아야 할 것이라고 건의하였다. 그러나 대다수의 사람들은 이런 종류의 법은 중국과의 무역에 나쁜 영향을 미칠 것이라고 언급하였으며, 또 몇몇 군들은 광부세의 손실로 고통을 받게 될 것을 예상하여 허가세를 1855년 10월까지 매월 $4, 그리고 1856년에는 매월 $6로 증가시켜 매년 $2씩 세율을 상향 조정하는 법을 제정하였다.[5]

그러나 이 법에 대하여 불만이 제기되면서 그들은 1856년에 $4의 구세율로 환원시켰다. 계속 된 3차례의 주 의회에서 이 법의 시행을 뒷받침할 추가법을 채택함으로써 1868년까지 세수입은 크게 감소하게 되었다. 감소의 가장 큰 이유는 중국인이 다른 직업으로 전향하고 있었기 때문이다.[6]

결국 이 광부세의 징수는 중국인을 포함한 외국인에 대한 제한수단으로서 독단적이며 직접적인 방법이었다.

둘째는 격리학교법의 시행으로 처음 몇 년 동안은 캘리포니아에 중국 어린이들이 거의 없었기 때문에 교육은 중요한 문제로 부각되지 못했다. 그러나 그들의 수가 증가함에 따라 그 법은 주목을 받게 되었다. 1860년에 통과된 법은 흑인, 몽골인, 인디언을 공립학교에서 몰아내

---

4 *Journal of the Senate*, 1855, pp.50-54.

5 *Statutes of the State of California*, 1855, pp.216-217.

6 *Ibid.*, 1856, p.141.

고 교육장에게 그들 유색인종의 등교를 허락하는 학교에 대해서는 주 보조금(State Funds)을 보류하는 권한이 주어지도록 요청하였다. 그러 나 관리들은 그들을 위해 공공비용으로 독립된 학교설립을 허용하고, 만일 이 인종의 10명 혹은 그 이상 어린이들의 양친이나 보호자가 신 청서를 제출한다면, 관리들은 그들을 위해 독립된 학교를 설립할 필요 조건이 된다고 하였다.

1866년 수정법에서 주교육담당관들은 권한이 있었음에도 불구하고 유색 어린이들을 어떤 다른 방법으로도 등교시킬 수 없었으며, 단지 대다수 백인 어린이들의 양친이 문서로 허락을 받는다면, 그들에게 백 인 어린이들과 함께 등교를 허용할 수 있었다.[7]

1870년 공립학교에 영향을 주었던 모든 법은 캘리포니아 학교법 (California School Law)으로 개편하게 되었고, 이 새로운 법에 포함되 지 않은 모든 법들은 법적 구속력을 상실하였다. 이 법에서 중국인에 관하여 구체적으로 언급하지 않았지만, 아래의 두 가지 예에서 그 생 략은 의도적이었다고 할 수 있다.

한 절에서는 "모든 학교는 특별법에 또 다른 어떤 제한적 규정이 없 다면, 5~12세 사이의 모든 백인 어린이들에게 취학을 허락해야할 것 이다." 다른 절에서는 "아프리카계 어린이들과 인디언 어린이들에게 는 독립된 학교를 설립해야 할 것이다"라고 규정한 것이다.

성직자와 중국인들이 여러 번 청원하였지만 이 법의 원래 취지는 중국인을 제한하려는데 있었으므로, 향후 10년 동안 개정되지 않았 다. 1880년까지 모든 학교에서 6~17세 사이의 모든 어린이들에게 형

---

7 *Ibid.*, 1860, p.325.

식적으로 취학을 허용했기에 법이 제대로 실시되지 못했다. 법원에서 교육위원회는 인종 문제 때문에 중국인의 취학을 거부할 수 없다고 판결함으로써 중국 어린이를 위한 독립학교의 설립을 허용할 수 있게 이 법은 수정되었다.[8] 따라서 법이 수정되기 전까지 중국인 어린이들의 교육은 여러 교회가 담당하고 있었다.

셋째는 위생법을 제정하면서 캘리포니아에서는 중국인이 풍토병을 전염시킨다고 비난을 하였다. 샌프란시스코 감독국은 1870년에 검역관이 아시아에서 출항하여 미국에 도착하는 모든 선박을 검역한다는 법을 의회에 발의하여 제정하였다.

그런 후 샌프란시스코의 군과 시에서는 그들에게 상륙을 허가하기 전에, 모든 탑승객에게 예방접종을 시켰다. 위생법은 철저한 보고와 환자의 격리, 물품의 소독 등 엄격한 규정을 내포하고 있다. 이와 같은 예방에도 불구하고 1876년에 전염병이 확산되자 검역관은 그 원인이 무절제한 생활 및 병을 보유한 약 30,000명의 중국인들 때문이라고 밝혔다. 그들은 공중위생 규칙을 무시하고 병을 숨기고 죽은 자는 사망 증명서도 없이 시신을 매장 시킴으로써 소독도 불가능하다고 주장하였다.[9]

그 후 브라이언트(Bryant) 시장은 승객을 실은 모든 여객선은 하선 전 30일 동안 격리할 것을 건의하였으나 실행되지는 못하였다.

특히, 문제는 중국인들이 모국으로 그들의 조상을 이장하려는 관습을 단순히 미신으로, 그리고 그것을 미국인이 경멸하는 시각으로 보는

---

8 *Ibid.*, 1869-1870, pp.838-839.
9 *Municipal Reports*, San Francisco, 1876-1877, p.397.

데 있었고, 덧붙여 공동묘지를 손상한 혐의로 중국인을 고발하는데 있었다.

이런 관행을 최소화하려고 주의회는 지방검역관의 허가 없이 시신을 매장하는 군에서의 이장을 금하였다. 이장 허가를 얻기 위해서는 검시관이나 훌륭한 의사에 의해 사인(死因)을 적은 진술서가 제출되어야만 했고 유해는 금속관에 넣어 밀봉하여야만 하였다.

미국의 순회법정은 이 법의 집행권이 주 경찰에 속한 것이라고 판결하면서, 그것은 통상법에 저촉되지 않았으며, 더욱이 14개조 수정법이나 벌린게임 조약과도 상충되지 않는다고 판결을 내렸다.[10]

넷째는 부녀자법의 제정은 중국의 부녀자들을 이용해서 계속적으로 중국인을 제한하려는 또 다른 연장선이었다.

교섭권은 의회의 독점권 있었으므로 의회의 권위에 손상을 주지 않기 위해 1855년 주법은 대부분의 중국인 부녀자들이 일반적으로 부도덕한 목적으로 입국하기 때문에 그들의 통제는 경찰의 치안권에 속해야 한다고 보았다.

1860년에 이미 샌프란시스코 경찰은 중국인 매춘을 조사하기 위하여 특별위원회의 구성을 요청하였다. 1865년에 주 의회는 공적 불법방해(public nuisances)인 매춘을 막기 위해 중국인 부녀자들을 고용하고 거주시키거나 또는 이용하는 모든 주택에 적용시키는 부녀자법을 제정하여 공포하였다. 무차별적으로 적용되는 이 법에 대해 무효라고 집주인들은 주장하였으나 매춘업을 하는 자들은 무거운 벌금을 면할 수가 없었다.[11]

---

10 *Statutes of the State of California*, 1877-1878, p.105.

1870년 주 의회는 이 문제와 관련하여 더욱 강화된 또 다른 새로운 법을 통과시켰다. 그 법은 그들이 미국으로 들어오는 것이 자발적임과 동시에 우선 올바른 습관과 건전한 성품의 소유자라는 입증할 증거를 충분하게 제시하지 못하면 어떤 몽골계, 중국계 혹은 일본계의 여성들에게도 입국을 금지시키는 것이었다. 또한 이를 위반했을 경우 $1,000~5,000의 벌금, 2~12개월의 투옥 혹은 벌금과 함께 투옥할 것을 규정하였다.

1874년에 유사한 법이 통과되었는데, 이민국장은 여객선을 통하여 들어오는 어떤 승객이든지간에 위의 법을 적용한다고 선언하였다. 그렇지 않으면, 그들은 미국 시민이 아니라 미치광이, 천치바보, 혹은 정부구호대상자(a public charge), 범죄인이거나, 추잡하고 방탕한 여자가 아니겠느냐고 반문하였다. 그런 사람들을 저지할 목적으로 그 선주, 지배인, 수탁자에게 책임을 묻기 위하여 2년 동안 어떤 도시로 가는 승객의 비용이나 승객을 주에서 이동시키는 비용으로 $500의 지불 계약서의 송부요구를 포함하는 법이었다. 그러나 이런 법은 주 경찰권에 대한 월권행위이며, 벌린게임 조약, 14개조 수정법, 공민법에 저촉된다고 본 미국순회 및 최고재판소는 이 법에 관한 법률심판에서 위헌판결을 내렸다.[12]

한편, 이 1874년 법 제정 바로 전에, 샌프란시스코 시는 동일한 문제를 다루기 위한 조례를 통과시켰다. 이 조례는 중국인 부녀자를 어떤 사람에게 팔거나 팔려하는 것, 어떤 사람의 봉사나 소유를 주장하는

---

11 *Ibid.*, 1865-1866, pp.641-642.

12 E.C. Sandmeyer, *op. cit.*, p.53.

것, 또는 법에 의하여 인정된 것을 제외하고 어떤 사람에게 노예상태
가 되도록 권하는 것, 매춘부집에 출입하거나 거주하는 것, 사고팔았
던 어떤 사람의 소유나 봉사의 대가를 요구하거나 받는 것, 이 조례를
위반한 어떤 사람의 요구나 주장을 도와주려고 다른 어떤 사람들을 위
협하는 것 등은 위법이라고 규정하였다.[13]

표 1 _ 중국인 부녀자의 미국입국자 수

년도	수	년도	수
1861	515	1871	349
1862	650	1872	183
1863	1	1873	892
1864	164	1874	243
1865	10	1875	385
1866	5	1876	260
1867	4	1877	77
1868	46	1878	354
1869	974	1879	358
1870	1,116	1880	70

M.R. Coolidge, *op. cit.*, p.502.

위 표에서 보듯이 1870년에만 1,000명이 넘었을 뿐, 대체로 많은 수
가 함께 입국하지 않은 것을 알 수 있으며 전체적인 수를 감안할 때 입
국한 부녀자 수는 미미하다.

따라서 이 법은 중국인 부녀자의 매춘을 구실로 하여 입국을 직접
적으로 반대하려고 시도한 점이 명백하다고 하겠다.

다섯째는 시 조례에 해당되는 공간사용령과 변발령은 1870년대 중
국인의 입국을 반대하는 가장 과격한 법으로써 샌프란시스코 시 조례

---

13 *Ibid.*, p.53.

에서 예를 찾을 수 있다. 그 이유는 캘리포니아 주에 거류하는 중국인 중에서 가장 많은 수가 다른 시보다 샌프란시스코에 거주하고 있었기 때문이다.[14]

시 보건관리는 중국인들은 전염병을 확산시켰는데 그들의 대부분의 생활공간은 소와 돼지 축사처럼 불결하고, 낡은 공동주택에서 모두 함께 더불어 살고 있으며, 미국인 한 사람이 숙박하기에도 작은 방에서 6~8명 혹은 10명의 몽골계의 인종들이 살고 있는 생활습관과 방법이 전염의 원인이라고 보고하였다.[15]

그 후 시는 모든 숙박시설은 성년 1인당 숙박을 위해 적어도 14.15 m³의 공간면적을 갖추도록 규정한 숙박주택령(The Lodging House Ordinance)을 제정하였다. 또한 집 주인이든 숙박인이든 위반하면 $10~500의 벌금이나 5~90일 동안 투옥하기로 정하였다.[16]

처음에는 일관성 있게 조례가 시행되지 못하였으나, 그 후 점차 조례집행이 강행되면서 하루에 51명의 남자들이 법위반으로 적발되면서 $10씩의 벌금을 부과 시켰는데, 벌금납부를 거부하고 벌금형 대신 교도소 감금형을 택하는 자들이 많았기에 교도소는 만원이었다. 이런 딜레마 때문에 시는 더욱 가혹한 조례를 제정하였다.

---

14 캘리포니아주 각 시의 거류 중국인 수 중 가장 많이 거류하는 샌프란시스코시와 두 번째로 많이 거류하는 새크라멘토시를 비교하면 다음과 같다.

시 \ 년도	1860 수	1860 %	1870 수	1870 %	1880 수	1880 %	1890 수	1890 %	1990 수	1990 %
샌프란시스코	2,719	7.8	12,030	24.4	21,745	28.9	25,833	35.7	13,954	30.5
새크라멘토	1,731	5	3,596	7.3	4,892	6.5	4,371	6	3,254	7.1

M.R. Coolidge, *op. cit.*, p.503.

15 *Municipal Reports*, 1869-1870, p.233.

16 *Ibid.*, 1871-1872, p.592.

투옥선고를 받은 모든 남자범법자는 머리를 1인치(Inch) 내로 짧게 깎아야 한다는 변발령을 통과시켰다. 그러나 앨보드(Alvord) 시장은 이 법령이 시의 헌장, 벌린게임 조약, 공민법에 저촉된다는 이유를 들어 이 조례에 거부권을 행사하였으며,[17] 많은 범법자를 수용해야 하는 어려움과 동시에 지방법원이 조례에 반대하는 판결을 선고함으로 공간사용령은 그 후 3년 동안 시행되지 못하였다.[18]

한편, 변발령이 지방법의 일부라는 것을 수반하여 모든 세탁소에 말(馬) 한필이 끄는 마차가 있으면 면허료로 $2을, 2대가 있으면 $4을, 아무것도 사용하지 않는 세탁소는 $15을 내도록 요구하였다. 실제 모든 중국인이 경영하는 세탁소는 세 번째 부류에 속했기 때문에 이 조례는 중국인 차별을 염두에 두고 제정되었다. 앨보드 시장은 역시 이 조례를 거부하였으나 시 의회는 재가결로 거부를 무효화 시켰다. 이 조례는 1년 동안 시행되지 못하다가 그 후 주 법원으로부터 위헌판결을 받았다.[19]

또 1871년에는 이른 아침까지 영업하는 중국인의 극장을 상영 금지시킬 목적으로 샌프란시스코시 당국은 어떤 사람도 새벽 1~6시 사이에 극장상영에 관여하거나 참여하는 것의 금지는 물론 극장이 소음을 발생시킨다고 하여 상영을 금지하는 조례를 통과시켰다.[20]

지금까지 캘리포니아에서 중국인에 대하여 그 주와 시에서 어떤 조치를 취하여 왔는지를 살펴보았다.

---

17 E.C. Sandmeyer, *op. cit.*, p.51.
18 *Ibid.*, p.52.
19 O. Gibson, *op. cit.*, pp.282-284.
20 E.C. Sandmeyer, *op. cit.*, p.55.

그런 법령의 첫 번째 시도는 중국인을 광산에 오지 못하게 하는 조치였다. 그리고 법원의 판결로 인하여 그들이 법정에서 증언조차도 할 수 없게 되었으며, 공민권도 갖지 못하였다. 이런 시도들은 중국인의 도래를 저지하고 방해하려고 하였으며, 이민 증가와 도시로 집중하는 경향은 도시 내의 혼잡과 불결한 생활환경 그리고 조직화된 노동자들의 경쟁을 불러일으키는 원인이 되었다.

다른 요인들, 즉 주법, 시 조례 등의 법률들은 연방법원의 위헌판결이 선고되었지만, 조직화된 노동자들의 영향은 정당으로 하여금 큰 주목을 갖게 했다. 그러므로 이 노동자들은 스스로 통합하게 되면서 정치상황에 아주 민감하게 반응하였다.

따라서 중국 이민의 공적에 확신했던 정치지도자들은 선거에서 차점자가 되면서 그들은 선거에서 당선하려면 제한 조치에 지지 표명을 해야 한다는 것을 인식하게 되었다. 이 두 가지 요소, 즉 정당과, 중국이민을 반대하는 조직화된 노동계층 사이의 합의는 제한법(Restriction Legislation)을 제정하는데 상승작용을 하였다. 조직화된 노동계층은 그 목적달성 위하여 정당간의 경쟁을 이용하였고, 반면에 정당들은 노동자의 표를 얻기 위하여 중국인과 관련된 문제를 거론하였다. 이런 상황으로 볼 때 입법 결의안은 입법자들의 진정성이 부족했고 정당강령도 그저 대중을 현혹시키는 정도였다.[21] 이것은 하나의 정치적 이벤트였음이 1876년 이전 태평양 연안 주들에서 제정된 중국인을 차별하는 주법과 시 조례에서 찾을 수 있다.[22]

---

21 M.R. Coolidge, *op. cit.*, p.67.

실제로 남북전쟁 전 캘리포니아는 민주당의 지배지역이였으므로 연방에서 탈퇴하였다. 그러나 남북전쟁 후 연방으로 기울게 되었다. 캘리포니아의 대부분 시민은 남부인과 귀화한 아일랜드 인으로 구성 되어 있었기에 이들은 흑인, 인디언, 중국인을 포함한 유색인에 반대 하는 정책을 펼쳤다.[23]

이런 견지에서 볼 때 1876년까지의 중국인 차별제한은 거의 정치인 대부분과 노동자들이 서로 관련을 맺고 있으며, 그들에 의해 제정된 적의 있는 주법과 시 조례에 의해 중국인을 차별, 제한, 중지하려는 정 치적 이벤트였지 전적으로 금지하려는 것은 아니었다. 따라서 주법과 시조례 등이 벌린게임 조약, 14개조 수정법, 공민법과 대치하는 부분 과 함께 주 법원과 연방법원에서 위헌판결이 내려지면서 큰 효과를 발 휘하지는 못했지만, 이렇게 선언되기 전부터 이미 얼마 동안 시행되었 으며 캘리포니아 인들이 의도적으로 중국인에 반대하는 차별이 상존 하고 있었다.

결국 1876년 이전까지는 중국인에 대한 연방법적 차별은 없었으나, 노동자와 정당이 상위법과 모순되는 제한법의 제정에서 차별, 제한, 중지, 벌금, 차등 등의 내용을 포함시키는데 상호작용을 했으므로, 금 지의 초기단계인 제한단계에 해당한다고 할 수 있다.

---

22 C.F. Marden, *Minorities in American Society*, American Book Co., N.Y., 1952, pp.321-322.
23 M.R. Coolidge, *op, cit.*, p.179.

2. 캘리포니아 주 의회의 입법 활동

1876년에 이르러 법률과 시 조례가 위헌판결이 확정된 이후, 태평양 연안의 미국인들은 중국인을 제한하려면 무엇보다 유일한 희망인 연방정부 입법조치가 선행되어야 한다는 것을 깨닫게 되었다.

그러나 중국 이민 제한 문제가 지금까지 거국적이지 못하고 국지적인 지방 문제에 불과했고, 캘리포니아를 포함한 태평양 연안 주들의 그러한 제안조치가 반대로 중국과의 무역과 중국 내에서의 선교활동을 위태롭게 할 수 있다는 것이다.

이민제한주의자들은 연방으로부터 조치를 얻는데 어렵다고 인식하였지만 그들은 당시의 국내 정치상황이 그들에게 유리하다고 판단하였다. 즉 민주당이나 공화당이나 양당 모두가 태평양 연안 주들의 유권자를 잃고 싶지 않았던 것이다. 민주당은 중국 이민 제한의 난제는 벌린게임 조약 체결 때문이라며 조약체결당사자인 공화당을 비난하였고 반면에 공화당은 민주당 정부 때 처음으로 중국인들에게 짐을 지우기 시작했고 아직까지 남부에서 그들의 노동력을 이용하고자 하는데서 비롯된 것이라고 비난하였다.[24]

각 정당들은 중국인이 투표권도 없고 백인을 위해서 그리고 백인에 대해서, 법정에서 증인도 할 수 없었기 때문에 지방선거전략에서 중국인 문제를 이용하는 것이 가장 효과적인 것으로 생각되었다. 더욱이 각 정당은 중국인 제한문제가 안전한 정당강령이고 선거에서 이 문제

---

24 E.C. Sandmeyer, *op. cit.*, pp.57-58.

를 이슈화하는 것이 노동자들의 표심을 끌어들이기에 매우 적절하다고 생각하였다.[25]

한편, 1876년 11월에 노동단체와 쿠울리 반대단체에 의해 굉장한 횃불 퍼레이드가 행하여졌다. "우리는 국가를 중국인에게 포기하지 않을 것이다", "우리는 우리의 권리를 지킬 것이다", "우리는 중국인 고용인을 고발한다", "백인 노동자들은 승리해야만 한다"는 표어를 쓴 피킷을 들고 가두행진을 하였다. 이 집회는 정부로 하여금 중국이민을 제한하게 하려는데 목적이 있었다. 왜냐하면 그들의 이런 형태는 중국인에게 우호적인 동부인의 감정을 변화시키는 역할을 할 것이라고 믿었고, 그러므로 캘리포니아의 중국인 반대세력 앞에 놓인 중대한 임무는 중국인 금지의 필요성을 국가의 나머지 사람들에게 납득시키는 것이었다. 따라서 중국인을 차별하고 제한하려는 운동은 1876년에 이르러 주 전역으로 확산되었던 것이다. 그러므로 1876년부터 대중집회와 와싱턴으로의 대표파견은 연방정부의 조치를 얻고자 하는 방법이었다. 특히 1876년 11월에 열린 대중집회에서 중국 이민을 조사할 특별조사위원회를 임명한 주상원의 활동은 그 의의가 크다고 하겠다. 이 위원회는 다음 4가지 문제를 조사하였다.

1. 주에 거주하는 중국인 분포와 그들의 출현이 주의 사회적, 정치적 상황에 끼친 영향에 관한 문제
2. 중국 이민을 저지하지 않는다면, 중국 이민이 국가에 끼치는 결과에 대한 예상 문제

---

25 M.R. Coolidge, *op. cit.*, p.128.

3. 위원회가 우리 국가 영토 내에 중국인의 출현이 국익에 반한다는 결론을 내릴 경우 금지 시킬 방법에 관한 문제

4. 위원회가 중국 이민으로 파생할 문제라고 판단하는 원인에 관한 조사

위원회는 의회에 제출할 청원서를 준비하고 국내의 모든 유력 신문 사로 발송하기 위해 그 청원서와 증언을 충분한 수로 복사하였으며, 별도로 각 의회의원을 위해서 4부, 각 주지사를 위해 10부, 일반 배포를 위해 10,000부를 준비하였다.[26]

위원회의 구성원은 민주당원 5명, 공화당원 2명, 중국인이 가장 많은 살고 있어 중국인에 대한 반대감정이 가장 강한 도시인 샌프란시스코 출신 4명, 새크라멘토 출신 1명이었다.[27] 위원회의 지시와 구성인원 그리고 그 당시 일반의견의 언급을 고려한다면 조사가 공평하게 실시되었다고 보기는 어렵다.

위원회에 증인으로 출두한 인원은 모두 60명이었는데, 6대 중화회관의 장을 포함하여, 그들 중 18명은 중국인이었다. 중국인 이외의 42명은 거의 모두 중국인을 몰아내려는 극렬분자들이었던[28] 반면 중국인 증인들은 두려움을 느꼈을 뿐만 아니라 그들의 노력이 헛된 것이라

---

26 State Senate, *Chinese Immigration : Its Social, Moral, and Political Effort*, *Sacramento*, 1878, p.68.

27 E.C. Sandmeyer, *op. cit.*, p.60.

28 42명의 백인 중 10명은 지방경찰, 12명은 정치에 관련된 직책, 3명은 외교나 영사 사무에 경험이 있는 자, 4명은 성직자, 제조업자 2명, 신문기자 2명, 영국인 선원 2명, 노동자 1명, 법률가 1명, 빵제조업자 1명, 배달원 1명, 실직자 2명이었다. 이들 중 9명은 중국에 살았거나 여행을 한 사람이었다.

고 생각하였다. 또 그들이 관련된 정보를 제공하지 않았기 때문에 중국인이 쿠울리들이고 이 쿠울리 제도는 남부의 노예제보다 더 나쁜 상황이라는 것을 입증하지 못했으며, 그들의 가장 일반적인 대답은 "나는 모른다(I don' t know)" 였다.[29]

이 당시 샌프란시스코 시정 집행자 픽슬리(Pixley)는 6대 중화회관을 공격대상으로 삼았고, 아무런 관련 증거 없이 미국 이민 신청서를 제출하는 행동은 불법이라고 지적하였다. 일반 노동자들의 고용주들도 중국인은 자유인이며, 그들이 미국에 온 것은 계약이 아니고, 6대 중화회관에서 사전에 여비도 지급 하지 않았다라고 입장을 표명했다.

그러나 주 상원 특별조사위원회가 이 문제를 조사하면서 이것에 오히려 특별한 관심을 나타냈다. 동시에 그 위원들은 노동자의 주인들과 6대 중화회관의 장들을 심문하였다.

1876년 4월 심문에서 영양회관(Ning Yeung Company)의 장 진양곡(Leung Cook)은 다음과 같이 진술했다.

Q : 6대 회관의 모든 조직과 내막을 잘 아십니까? 귀하는 그 조직의 회원입니까?

A : 저는 영양회관의 관리입니다. 실제로 안에 있는 서류, 우편 및 공문을 관리하는 책임자입니다. 제가 그 회관의 장입니다. 처음 중국인이 미국에 도착했을 때, 언어적인 장벽과 환경의 차이로 적응하기 어려웠습니다. 이런 문제를 극복하고자 저희 중국인은 이 회관을 조직하게 되었습니다. 회관 측의 협조로 중국 노동자들이 일자리를 쉽게 구할 수

---

29 State Senate, *op. cit.*, pp.129-140, 159-176, 185-187, 198-207, 214-215, M.R. Coolidge, *op. cit.*, p.87.

있었다고 저는 생각합니다. 이 회관이 설립된 지도 벌써 22년이 되었
습니다.

Q : 중국의 각 지방에도 이 회관의 지부가 있습니까?

A : 없습니다. 왜냐하면, 이 회관의 설립 취지는 여기에 있는 중국인을 대
상으로 도움을 주고자 한 것입니다.

Q : 중국인 노동자들이 어떻게 여기에 왔습니까?

A : 그들은 모두 자발적으로 왔습니다. 여비도 본인이 부담하였습니다.

Q : 회관 측에서 그들의 필요한 여비에 대해서, 사전에 빌려주거나 미국에
온 뒤에 공제했던 일이 있습니까?

A : 없습니다. 본 회관은 그런 일을 하지 않았습니다.

Q : 중국에서 여비를 사전에 지불하고, 도미 이후 중국인들로부터 사후에
받겠다고 계약한 일이 있습니까?

A : 그것과 관련된 문제는 저는 모르겠습니다.[30]

삼읍회관(Sam Yup Company) 의장 이명후(Lee Ming Hown)의 진
술은 다음과 같다.

Q : 회관의 회원들은 여기에 온 목적이 무엇입니까?

A : 그들은 캘리포니아에 오면 부자가 될 수 있다고 하여서 왔습니다. 여비
를 부담할 능력이 있으면, 본인이 여비를 지불하고 지불능력이 없으면
다른 사람으로부터 빌립니다. 혹은 재산과 땅을 팔아 여비를 마련하였
습니다. 자금이 없고 여비를 빌리지도 못한다면 올 수가 없습니다.

Q : 회관에서의 월 회비는 얼마입니까?

A : 한 달에 $80씩 받습니다.

Q : 장의 임무는 무엇입니까?

---

30 G.F. Seward, *Chinese Immigration : Its Social and Economical Aspects*, Charles
Scribner' s Sons, N.Y., 1881, pp.148-150.

A : 언어 장벽과 그 외의 여러 가지 문제로 곤란을 당하는 중국인에게 도움
을 주거나 질병으로 어려움을 겪는 경우에 도와줍니다.

합화회관(Hop Wo Company)의 장인 이상집(Yung Ty)은 다음과 같이 진술했다.

Q : 회관에 소속된 회원들은 비용을 어떻게 마련했습니까?
A : 대부분이 중국에서 여비는 저축한 돈으로 마련하였습니다. 고향 친구
들로부터 빌린 자금으로 비용을 마련한 자들도 있습니다.
Q : 회관의 회원 중 쿠울리로 일하는 사람들이 몇 명입니까?
A : 없습니다. 왜냐하면, 그들 대부분은 고향에서 농민이었기 때문입니다.
Q : 그들은 땅(토지)이 있습니까?
A : 대부분의 농사는 공동 경작하는데, 공동경작자 가운데 일부는 땅을 소
유하고, 일부는 생활을 영위할 목적으로 노동자로 일을 하며, 나머지는
자기를 위해 일합니다.
Q : 그들을 쿠울리라고 부릅니까?
A : 쿠울리란 무슨 뜻인지 모르겠습니다. 하지만 그들은 노예가 아니며, 조
금 낮은 계급으로 생활을 위해 일을 할 뿐입니다.
Q : 쿠울리란 무슨 뜻입니까?
A : 저는 모르겠습니다.
Q : 노예란 무슨 뜻인지 아십니까?
A : 우리나라에는 그런 것이 없습니다.

양화회관(Yung Wo Company)의 장인 이자균(Si Quan)도 같은 위원회로부터 심문받았지만, 쿠울리 수입문제에 관한 질문은 없었다. 다른 강주회관(Kung Chow Company)의 장인 진영주(Sin How)와 인화회관(Yan Wo Company)의 장인 진홍소(Chin Fong Chow)에게 한

질문도 비슷하였다.[31]

따라서 이 위원회에서의 중국인에 대한 주요관심은 반쿠울리 크럽에서 주장한 바와 같이 첫째, 계약노동자로 중국인들이 미국에 왔느냐? 둘째, 6대 중화회관이 계약노동자를 유입했느냐? 셋째, 중화회관이 중국에 돈을 보내 계약노동자들을 유입했느냐? 로 집약된다.

이들 6대 중화회관의 장들의 심문을 포함하여 전체적인 질문내용은 대체로 5가지로 구분된다. 즉 창기, 범죄, 부(不)동화, 경쟁, 노동 등의 문제였다. 결국 위원회가 여러 사람의 진술을 종합하여 보고서를 작성하였다.

"중국인은 미국법을 거의 존중하지 않고 비밀 법정에 의해 통제되어 제국 속의 제국으로 자리 잡았고, 실제로 모든 여자 이민들은 매춘에 종사하였고, 죄를 지지 않은 남자들은 여러 경우에서 미국 노동자들과의 곤란한 경쟁상대가 되었다. 또 대부분의 노동자들은 노예가 된다는 계약 하에서 유입되었다. 그들을 기독교화 하려는 노력마저 사실상 실패하였고, 발전의 기초로서 단지 조금 기여한 것 외에 그들은 장래를 위한 희망이 거의 없었다. 중국인은 그들 자신을 미국의 이념과 제도에 동화 시킬 수 없었다. 중국인으로부터 얻은 유일한 이익이란 나쁘건 좋건 백인노동자를 대신하는 그들의 값싼 노동력의 제공이다"[32]라고 하여 윤리적인 문제와 함께 경제적 측면에서 중국인들의 값싼 노동력이 미국 노동자들과 경쟁이 되기 때문에 제한하여야 한다는 취지를 밝히고 있다.

---

31 *Ibid.*, pp.150-151.
32 E.C. Sandmeyer, *op. cit.*, pp.61-62.

동시에 중국 이민 문제는 "첫째는 영국과 협력하여 쿠울리 무역을 금지, 둘째는 미국으로 중국 이민을 허용하는 모든 조약의 파기, 셋째는 중국인의 미국 입국 시 한 번에 10명씩으로 제한"하는 해결방안을 건의한 후 이를 의회에서 입법화 하려고 했다.[33]

의회에 제출된 이런 주장과 해결방안의 보고서는 의회에서 중국인 입국을 금지하는 근거로써 활용되었다. 한편, 이 조사를 끝마친 위원회는 보고서에 만족하지 않고 "중국 이민의 폐해에 관하여 미국민에게 드리는 글"을 작성하였다. 열거된 폐해는 보고서의 내용과 유사하였으나 구체적인 내용은 광범위한 증언을 통해 입증하였다. 무엇보다도 이 글은 선동에 그 목적이 있었으므로 아마 그 효과는 배가되었을 것이고, 이것은 동부를 가능한 감동시키고자 일부 불리한 증거가 생략된 것이 분명하게 드러났다.[34] 또 중국인을 몰아내려는 동일한 목적으로 의회는 캘리포니아 사람들에게 중국인의 도래에 대한 찬·반투표를 해야 한다는 의안을 통과시켜 1879년 9월에 선거를 실시하였다. 그 결과는 중국인 도래에 찬성은 900표도 되지 못했지만 반대는 150,000표 이상이나 되었다.

어윈(Irwin) 주지사는 "이 투표는 중국인에 대한 캘리포니아의 의견을 표현한 것으로 진정성 있게 수용해야 할 것이다"[35]라고 선언한 후

---

33 M.R. Coolidge, *op. cit.*, p.94.

34 샌프란시스코 차이나타운에서 일하는 특별경찰이 중국인들로부터 그들 봉급의 대부분을 받고 있었기 때문에, 도박과 매춘의 장소를 중국인 소유자들과 공모한 사실을 누락시켰다.

E.C. Sandmeyer, *op. cit.*, p.62.

35 *Statutes of the State California*, San Francisco, 1877-1878, p.3.

중국인을 제한하는 근거로 활용하고 있다.

1877년 겨울동안 캘리포니아에 가뭄이 심하여 농부와 목축업자들은 큰 손실을 입었으며, 많은 광산들도 폐업을 하였다. 동시에 주 전체로 불경기가 확산되면서 실업자의 수가 증가하였다. 이런 요인에 덧붙여 터무니없는 철도요금, 주 정부의 통제, 무상불하 토지와 관련한 부당한 매매, 그리고 과세의 미납 등이 발생하면서 주는 비난의 대상이 되었다.

이런 혼란한 상황을 겪고 몇 년 지난 후, 대부분의 좋은 토지는 대지주들이 소유했고 수많은 회사에 고용된 중국인들은 고용 경쟁자로서뿐 아니라 주의 경제적, 정치적 생활을 지배하려는 그들의 노력이 단순히 자본주의자들의 도구로 간주되면서 중국 이민을 반대하였다.[36]

이런 문제를 해결하려는 새로운 법의 제안과 함께 중국 이민 반대 집회가 개최되었다. 물론, 이 집회는 회사와 세금문제도 이슈가 되었으나, 가장 논쟁의 여지가 많은 문제는 중국 이민이었다. 대부분의 보수주의자들은 문제의 해결이 전적으로 의회에 달려있다고 하였으나, 노동자들의 대표와 다른 이들은 최고법원의 판결에도 불구하고, 주들은 물론 주 자체가 보호할 힘을 가져야 한다는 것을 깨닫게 되었다.[37]

따라서 집회에서는 상·하 양원에 보낼 청원서를 채택하였다. 이 청원서에는 중국인을 반대하는 이유들이 요약되어 있고, 그 증가의 위험성을 강조하여 미국서부 해안으로 중국 쿠울리나 노동자들의 더 많은 이민을 제한하는 효과적인 법의 제정을 아주 진지하게 의회에 요청

---

36 E.C. Sandmeyer, *op. cit.*, p.67.
37 *Ibid.*

하였다. 호소력을 높이기 위한 일환으로 집회는 오레곤, 네바다, 와싱턴, 아이다호, 몬태나, 애리조나 지사에게 청원서를 의회에 제출하도록 촉구하고 이와 더불어 미국으로 중국 이민이 더 오는 것을 막을 수 있게 벌린게임 조약의 수정도 요청하였다.[38]

또 이들이 구성한 중국인 위원회는 9개 조항이 담긴 보고서를 제출하였다. 보고서는 시민이 되기에 부적합한 외국인의 미국 이주를 막고, 미국으로부터 그들을 추방하는 권한과, 그런 외국인을 그들의 구역 밖으로 이주 시킬 모든 권한을 시에 위임하는 조항들로 작성되었으며 그 권한은 주 의회에 주어졌다.[39]

일련의 수정안에 삽입되어 있는 배척 조항들을 삭제하고, 아시아 쿠울리즘(Asiatic Coolieism) 금지의 조항을 추가하였고 주 의회에는 미국으로 중국인이 들어오는 것을 금지하는 권한이 주어졌다. 토론은 주로 쿠울리즘의 존재에 집중되었으며, 이 조항들에 대한 반대보다 그 조항에 정당한 이유가 있어야만 한다고 결론을 내렸다.

따라서 중국인에 관한 새로운 규정 조항은 다음과 같다.

---

38 *Ibid.*, p.68.
39 구체적인 몇 조항을 살펴보면
　① 외국인 부랑자, 극빈자, 범죄자, 전염병에 걸린 사람이거나 주의 복지에 위험을 줄 수 있 는 사람으로부터 주와 지방사회를 지키기 위하여 주로부터 이들을 이동시키는 것을 주의 회당국이 고려하는 것이 당연하다는 규정.
　② 주에서 영업하는 어떤 회사든 시민이 되기에 부적합한 외국인을 고용한다는 참정권하의 모든 법적 권리를 상실해야만 한다는 규정.
　③ 미국으로 더 이상의 중국 이민을 금지하려는 규정.
　④ 고소하거나 고소당하는 것, 주의 강가에서 고기를 잡는 것, 어떤 직업을 갖는 데 있어 면허를 받는 것, 어떤 실질적 재산을 소유하거나 임차하는 것에서 시민이 되기에 부적합한 외국인을 금하는 규정.

1조, 주 의회는 주, 군 등을 보호하기 위해 모든 필요한 규정을 정해야 한다. 즉 외국인의 출현으로 야기되는 문제로부터 주의 복지와 평화를 지키기 위해 그들을 주로부터 몰아낼 수 있는 조처와 법을 제정해야 한다는 것이다.

2조, 이 법률이 채택된 후, 주법에 따라 세워진 현존하는 회사나 미래에 세워질 회사는 중국인이나 몽골인종이 어떠한 능력이 있든지 간에 고용을 금지한다. 주 의회는 이 규정의 시행에 필요한 제반 법률을 제정해야 한다.

3조, 주, 군, 시에서 발주하는 토목공사나 또는 그 외에서 발주하는 토목공사에 중국인의 고용을 금지한다.

4조, 미국 시민이 되기에 부적합한 외국인의 출현은 주의 복지를 위협한다. 주 의회는 그 권한 내에서 가능한 모든 방법을 이용하여 중국 이민을 억제해야 한다. 그들의 이동을 통제하기 위해 주 의회는 시와 읍 등에 모든 필요한 권한을 위임해야 한다. 또 이 법이 채택된 후, 이 주에서는 중국인이 유입되는 것을 막기 위해, 필요한 법을 제정해야 한다.[40]

위 규정은 중국인에 대한 두 가지 의미의 차별 대우를 내포하고 있다. 하나는 묵시적으로 중국인들에게 그들 자신들이 소유한 권리를 부여하지 않았고, 토지도 또한 상속받을 수 없게 했다. 또 다른 차별은 바보, 정신병자와 범죄나 공금횡령을 한 사람을 동행하는 중국인들은 결코 주에서 선거권을 행사할 수 없다는 규정을 담고 있다.

---

40 E.C. Sandmeyer, *op. cit.*, pp.71-72.

또 주 의회는 새 법률을 집행할 후속 조치에 관심을 두었다. 퍼킨 (Perkin) 주지사는 중국인 조항에 대해서 주 의회에 주의를 환기시켰고, 어떤 조치를 취하는데 협력하기로 약속하였다. 그러나 그는 이전의 주법이나 시 조례가 연방법원에서 대부분 위헌판결 받았기에 이 문제의 해결은 연방정부에 의존해야 해결할 수 있다고 확신했다.

그러므로 정치 지도자들 가운데 일부는 일치된 노력으로 연방으로부터 어떤 조치를 얻고자 하였으며, 다른 세력들은 중국인이 지방의 조치를 계속 활용하는 것에 반대의사를 표시 하였다는 것은 당시의 격렬한 감정을 나타내고 있다.

한편, 1879년 주선거와 관련하여 캘라크(I.S. Kalloch) 목사는 노동자, 유권자들의 지지를 얻어 샌프란시스코 시장에 당선되었다. 노동자들은 선거운동 초기부터 그가 커어니의 연설에 못지않은 과격한 연설을 하였다고 언급했다. 그들이 제기한 중국인에 관한 규정들을 의회에서 심사하는 동안에도 노동자들의 시위는 계속되었고, 실업자들의 행진과 위협 그리고 대방화가 연일 계속되었다.

결국 주 의회는 첫째, 그들 지역에서 중국인을 몰아내는데 필요한 모든 조치 중의 하나로 통합한 시와 읍은 의무적으로 법을 제정하도록 하였다. 둘째, 주는 유권자의 자격으로서 부적합한 외국인에게 사업이나 직업에 관계되는 면허의 발행을 금지한다. 셋째, 어떤 계층의 외국인이든 주의 근해에서 판매 목적의 어로 행위는 금지하였다. 많은 중국인들이 이 셋째 법의 위반으로 기소되었을 때 순회법정의 쏘이어 (Sawyer) 판사는 이 법에 따른 중국인과 다른 외국인 사이의 차별은 수정헌법 제14조에 의거하여 위반이라고 판결하였다. 그 외의 다른 두 가지 법도 모두 동일한 종류와 목적을 띠고 통과되었기에 역시 위

헌이라고 선고하였다.[41]

이 판결은 새롭게 규정된 중국인 규제 조항의 법률을 대부분 무력하게 만들었다. 따라서 법이 효력을 제대로 발휘하지 못하면서 영향을 거의 미치지 못하게 되었음은 두말할 나위도 없다. 그러므로 중국인에 반대하는 세력들이 첫 국가 제한법(The First National Restrictive Law)을 제정하려는 시도는 결코 놀랄만한 일이 아니었다.

다시 말하면 이 시기는 이전의 어느 시기보다 많은 중국인들이 세관을 통과하였다. 이들 중국인의 이민 제한 및 통제법이 예외 없이 위헌판결을 받게 됨으로서 그 법들은 무력화되었다. 그러므로 1876년부터 캘리포니아인들이 중국 이민의 제한을 지방이 아닌 중앙정부적 차원에서 이루어져야 한다고 인식한 점에서 1876년은 중국 이민 제한 시도의 한 분수령이 된다고 하겠다.

3. Workingmen' s Party의 요구

1876년 봄 중국인에 반대하는 수많은 단체들이 조직되었는데, 이 단체의 회원들은 "회칙을 준수한다. 중국인을 고용하지 않는다. 중국인을 고용하는 고용주한테서 물건을 구입하지 않는다. 중국인이나 중

---

41 *Sawyer, Reports of Cases Decided in the Circuit and District Courts of the United States for the Ninth Circuit,* San Francisco, 1873-1891, pp.451-457.

국인의 고용주에게는 물건을 공급하지 않는다”는 4가지 회칙에 서약하였다. 이 단체들은 반중국인연합회(Anti-Chinese Union)라는 이름 아래 결합되었는데, 그 단체는 단결 및 중국인에 반대하는 역량을 과시하는데 목적이 있다. 이 연합회는 주 상원 부위원장과 하원의원 및 대부분 캘리포니아의 저명한 정치 인물들로 구성되었다.[42]

4월 5일 시장이 주최한 군중대회가 샌프란시스코에서 개최되어 어윈 주지사를 회장으로 선출했고, 20,000여 명의 참석자들 앞에서 주와 시의 관리들이 중국인에 대한 격앙된 목소리로 강연을 하였다. 대회에서는 캘리포니아 주의 중국인 쿠울리들의 즉각 추방과 이런 민족에 강력히 반대한다는 결의문을 채택하였다. 결의문을 그란트 대통령과 국회에 청원하기로 하였고, 또 이 위기를 슬기롭게 극복해야 하며 그렇지 못하면 국민들이 직접 몽골인종을 보복하는 것을 용인해야 하는 사태가 벌어질 수도 있다고 위협하였다.

이 집회에서 중국인에 대하여 다음과 같이 묘사했다.

① 중국인들은 노예이고, 최하위 생활자로서 자유로운 미국인과 경쟁할 자격이 없다.

② 좁은 소굴에서 무리지어 살며, 아무도 문명화된 백인들과 교제하지 않는다.

③ 그들은 부인과 아이들을 데리고 오지 않는다.

④ 부녀자들은 매춘을 한다.

⑤ 미국인들은 자유인이기에 노동시장에서 이런 하층민과 경쟁할

---

42 E.C. Sandmeyer, *op. cit.*, p.57.

수 없다.

⑥ 그들은 그들 자신들의 비밀조직을 많이 가지고 있고, 계속해서 중국의 예절과 관습을 유지함으로써 이 법을 무시한다.

⑦ 그들은 주에서 백인을 몰아내고, 남성 노동자들을 절망으로 빠뜨린다.

⑧ 우리 주의 번영과 행복을 위해 해안으로부터 그들의 추방을 요구한다.[43]

1877년 동부에서 시작된 불경기가 캘리포니아에 밀어 닥쳤으며, 심각한 가뭄, 광산수익의 큰 감소, 주식의 폭락에 의해 그 현상은 더욱더 두드러졌다. 그러므로 샌프란시스코로 몰려든 실업자들은 증가하는 수많은 중국인들과 경쟁이 불가피하게 되었다. 노동당은 농민공제조합원 및 그 외의 불만단체들로부터 지지를 얻으면서 몇 년 동안 노동당은 강력한 중국인 반대단체가 되었다.[44]

노동당은 1877년 7월 23일 동부 파업자들에 동조를 표하기 위하여 약 6,000명의 샌프란시스코 노동자들이 집회를 개최하였다. 채택된 결의안에서 사기, 수뢰, 임금의 감소 등은 공화국을 파괴하는 일종의 공모라고 선언하였다. 이것을 막아보려는 의장의 노력에도 불구하고 쿠울리 반대 감정이 집회에서 표출되면서 노동자들은 차이나타운으로 몰려가 여러 채의 건물을 불태우고 15개의 세탁소를 약탈하여 그

---

43 *Marin Journal*, 3月 30日, 1876.

44 L.A. Eaves, *A History of California*, Labor Legislation, Berkeley, 1910, pp.272-282.

손실액은 약 $10,000에 이르렀다.[45] 이 파괴적인 행동은 다음 날 24일까지 계속되어 치안위원회(Committee of Safety)가 오크랜드와 샌프란시스코 두 곳에 조직되었다. 후자는 자경단원으로 유명한 콜맨(W.T. Coleman)의 지휘 하에 거의 7,000명이 모였는데 경찰과 협조하여 질서를 회복하게 되었다.[46]

이 혼란은 노동당이 배후에서 큰 역할을 했다. 이것은 당시 사업과 정치적 부패, 경제적 공황을 구제하려는 노력, 샌드 로트(Sand lot)에서의 격렬하고 과장된 말, 신문의 영향으로 퍼진 계급감정의 표현에 대한 반향이라고 하겠다. 이 중국인 반대운동은 샌프란시스코 시당국의 적절하지 못한 대응으로 더 확산되었다.[47]

9월의 시 선거 후 노동당은 10월 5일 커어니를 회장에 데이(J.G. Day)를 부회장에 각각 선출하였다.[48] 당의 강령은 중국인 노동자를 비방하고 중국인을 추방하는데 목적을 두었다.[49] 중국인은 그 후 캘리포니아의 전역에서 구다와 살해를 당했으며 또 공장에서 쫓겨나게 되었다. 중국인 반대집회가 항상 열려 중국인 반대감정을 선동하였으며 심지어 중국인 노동자를 고용한 고용주들은 협박이나 암살을 당하였다. 이 당시 많은 농장주와 제조업자들이 중국인 노동자를 고용하고자 했지만 협박 때문에 고용하지 못하였다. 한편 이 커어니즘

---

45 R. Kauer, The Workingmen's Party of Califonia, *Pacific Historical Review 13*, 1944, p.279.

46 M.F. Williams, *History of the San Francisco Committee of Vigilance of 1851*, Berkeley, 1921, pp.407-408.

47 L.A. Eaves, *op. cit.*, pp.20-39.

48 P. Kauer, *op. cit.*, pp.278-291.

49 M.R. Coolidge, *op. cit.*, pp.115-122.

(Kearneyism)의 열화가 몇 해 동안에 샌프란시스코 전역으로 퍼졌고 선거 직전에 쿠울리 반대 단체들이 돌발적인 사건을 일으켰다. 즉 1873년 인민보호연맹(people's protective alliance)이 쿠울리 반대단체와 산업 개혁가에 의해 조직되었다. 또 노동자 연맹(The working-men's alliance)은 지부를 조직하려고 사람들을 각 지방으로 파견했다. 이 연맹도 중국인에게 모욕적인 입장이었으며 심지어 회원들은 중국 이민을 반대하지 않는 후보에게는 투표하지 않기로 서약·결의했다.[50]

더 나아가 커어니는 "중국인 노동자들은 우리 국토를 유린하였고 우리의 도덕을 타락시켰으며 우리의 자유를 위협하였다. 따라서 그들의 이민을 제한할 뿐만 아니라 영원히 금지시켜야 한다. 그리고 중국인은 물러가야 한다"[51]는 결의안을 채택하였다. 또 그는 "우리는 백인 국가의 국민으로서 노동시장에서 독신의 중국인 쿠울리들과 경쟁하는 상태에서는 더 이상 살 수 없으며, 우리는 그들보다 더 값싼 노동에서 벗어나기 위해 중국인을 몰아내야 한다는 것만이 우리가 가진 유일한 희망이다. 바보가 아닌 이상 이런 상태에서 성공을 바랄 수 없다. 지위가 낮은 겁쟁이와 노예가 아닌 이상, 더 이상 우리는 성공을 위한 노력을 기울이지 않을 것이다. 미국인이 중국인과 똑같은 비참한 생활을 하기보다 차라리 죽음이 더 낫다"[52]라는 성명서(Manifesto)를 발표하여 중국인 노동자들의 값싼 노동으로 인한 그들의 어려움을 호소했다.

---

50 San Francisco, *Daily Alta California*, 10월 29일, 1873.
51 W.J. Davis, *op. cit.*, pp.377-388.
52 E.C. Sandmeyer, *op. cit.*, p.65.

표 2 _ 미국의 중국인 숫자의 분석

지역 \ 년도	1860	1870	1880
미국의 총중국인		63,199	105,465
캘리포니아의 중국인	34,933	49,277	75,132
샌프란시스코의 중국인	2,719	12,022	21,745

California Senate, Chinese Immigration, p.109.

표 3 _ 캘리포니아주 County의 백인(W.)과 중국인(C.) 수 비교

County	1860		1870		1880	
	W	C	W	C	W	C
엘 도라도	15,515	4,762	8,589	1,560	8,869	1,486
네바다	14,138	2,147	16,334	2,627	17,567	3,003
새크라멘토	21,692	1,731	22,725	3,595	28,923	4,892
샌프란시스코	52,866	2,719	136,059	12,022	210,496	21,745
산타클라라	11,646	22	24,536	1,525	32,110	2,695
유바	11,582	1,781	8,362	2,337	8,824	2,146

Tenth Census of the United States. Ⅰ. p.382.

위 표에서 보듯이 1870년 미국에 있는 중국인의 77%가 캘리포니아 주에 그 주에서 24%가 샌프란시스코에 모여 있다. 1880년 그 비율은 조금 줄었지만 전자가 71%, 후자가 28%의 분포를 보이고 있다.

도표의 내용을 더 세부적으로 분석해 보면 캘리포니아의 주요 카운티에서 중국인과 백인 비율은 평균 10~15%임을 알 수 있다. 초기 절박한 노동력의 필요에서 중국인들은 환영을 받았지만, 점차 그들을 제한하거나 적어도 숫적 증가를 막는 뚜렷한 조치로 발전하였다.

캘리포니아 주의 중국인 노동자 임금을 살펴보면 표 4와 같다.

표 4는 비록 10여 년 후의 기록이지만, 중국인들이 고용된 직종에 따라 그들이 받은 임금을 추정해 볼 수 있다.

중국 노동자들이 미국에서 한 달 생활비는 평균 $8~10 정도였고,

표 4 _ 캘리포니아의 중국인 노동자 임금

직업	임금($)	직업	임금($)
고용인	월 18~25	벽돌 제조자	월 25~35
요리사	월 10~30	슬리퍼 제조자	월 16~20
토지개간자	월 25~30	가방 제조자	월 20~24
세탁업자	월 6~12	광부	일당 1.5~2
농장노동자	월 20~25	통조림 제조자	일당 0.75~1.25

First Biennial Report of the State Bureau of Labor Statistics of Califonia,
1883-1884, Sacramento, 1884, pp.166-167.

그 중 식량 75%, 의류 80%를 중국에서 수입했으며, 매년 임금의 반 이상을 중국에 송금하였다.[53] 위 도표의 임금은 중국인이 중국에서 한 달에 $3~4를 받는 임금과 비교해 볼 때 큰 액수이지만 그 당시 미국에서 일반 노동자들이 한 달에 $30 정도 받는 임금과 비교하면 적은 액수라 하겠다. 이것은 중국인이 저임금의 다양한 직종에 종사함으로서 미국인과 노동시장에서 경쟁의 상대가 되었다는 단적인 예이다.

따라서 노동당은 노동 경쟁의 문제 해결의 유일한 방법으로 국가적 차원에서 해결책을 준비할 것을 제안했으며, 이러한 요구가 수용되지 않을 때 노동자들의 무력행사는 목적 달성을 위해 정당한 수단이라고 주장하였다.

그 후 계속되는 몇 달 동안 노동당은 서명과 구두 호소, 집회, 시위 행진 등의 일련의 조치들을 취했다. 당은 남쪽의 로스앤젤레스까지 주의 모든 지역에 지부를 설치하면서 급속히 발전하였다. 오크랜드와 산타글라라 지역에서는 노동당의 후보들이 주 의회의 보궐선거에서 당선되었다. 1877년 3월에는 새크라멘토와 오크랜드에서 노동당의

---

53 E.C. Sandmeyer, *op. cit.*, p.21.

공천후보가 시 관료로 선출되었으며 6월에는 공화당과 민주당이 공동으로 공천한 후보가 선출되었음에도 불구하고 노동당은 주 헌법회의 총 의석수의 1/3을 차지하여 그 명성이 절정에 이르렀다.[54]

여름 동안 커어니는 노동당을 전국 정당 조직으로 개편하려고 노력하였으며 샌프란시스코에서 노동자들은 시의 중국인 지역을 옮기도록 감독청에 압력을 넣기까지 하였다. 그러나 1879년 2월에, 의회가 15명 여행자법안(The Fifteen Passenger Bill)을 통과시켰다는 소식이 전해졌을 때 노동당과 민주당은 논공행상을 논하면서 이 승리의 영예를 서로 차지하려고 싸웠다. 이에 노동당은 기존 정당들이 중국인 문제를 국가적 차원의 관심을 불러일으키는데 약 20년이 걸렸지만 그들 1년만에 그와 같은 성과를 달성했다는 주장을, 그리고 중국인을 일소하는 유일한 기대는 커어니의 지도력과 노동당에 있다는 주장으로 일대 반격을 시작했다.

그리므로 이 중국인을 반대하는 지방과 주의 노력은 세2차 캘리포니아 헌법회의(California's Second Constitution)의 채택으로 절정에 이르렀다.[55]

이런 상황 하에서 중국 이민을 반대하는 새로운 법의 제안에 투표자의 대부분이 찬성표를 던졌다는 것은 놀라운 일이 아니다. 또 이 노동자들을 유권자로 의식한 의회의원들은 그들이 요구하는 사항을 수렴하여 입법화할 수 밖에 없었던 것이다. 커어니의 시기 동안 노동당은 벌린게임 조약의 폐지를 요구하였고 국내의 두 정당도 선거에서 서

---

54 W.J. Davis, *History of Political Convention in California*, State Library, Sacramento, 1893, pp.371-375, 381-390.

55 E.C. Sandmeyer, *op. cit.*, p.66.

부의 유권자들을 의식하여 조약을 폐기하는 방향으로 노력할 수밖에 없었다.

4. 연방의회의 입법화

중국인 문제가 계속적으로 태평양 연안 사람들에 의하여 거론되었으나 중국 이민과 관련된 캘리포니아인들의 법안은 42차와 43차 회기에서도 별 다른 진전을 보지 못하였다. 왜냐하면 임금이 매우 높고 노동력이 아주 부족한 동부 지역의원들은 서부 지역에서 중국인이 심각한 위협이 된다는 것을 납득할 수 없었기 때문이다. 극단적인 폭력과 지나친 과장을 통하여 정치적 목적을 달성하려고 제시한 중국 이민 문제를 아주 놀라운 주제로 만들어 보려는 서부의원들의 분명한 의도가 효력을 발휘하지 못하게 막았다.[56]

표 5 _ 대표적인 동부와 서부州의 중국인 분포도 (1870, 1880)

주	1870	1880	주	1870	1880
캘리포니아	49,277	75,132	매사추세츠	87	229
코네티컷	2	123	네바다	3,152	5,416
아이다호	4,274	3,379	오레곤	3,330	9,510
루이지애나	71	489	뉴욕	29	909
메인	1	8	N.케롤라이나	0	0

Tenth Census of the United States, I , p.379.

---

56 M.R. Coolidge, *op. cit.*, p.131

1870년 록키산맥 동쪽 지역은 중국인이 매우 적었고 노스캐롤라이나 주는 한 명의 중국인도 없었다. 그 후 1880년 중국 이민 문제는 미국 내의 중국인 분포의 차이에 따라 동부의원과 서부의원들 사이의 분명한 시각차가 드러난다.

그러나 1876년 전국적인 불경기의 영향과 함께 지방의 가뭄, 투기, 귀중품의 이익과 실질재산의 하락 그리고 기업에 투자한 자본에 비례하여 너무 급속한 인구의 증가로 인한 일반적인 재해가 캘리포니아 전역으로 확산되었다. 1876~1877년 겨울에, 캘리포니아로 모여든 실직자는 10,000명으로 추정되었다. 그들의 불만은 전술한 바와 같이 노동당의 결성과 샌드 로트의 폭동으로 나타났다. 그러나 중국인의 출현이 서부에서 중국인을 몰아내려는 원인으로 작용했을지라도 적어도 부분적이고 지엽적이던 노동 혼란 현상이 전국적으로 나타난 광범위한 산업적 불만의 반영이라고 할 수 있다.[57]

44차(1875~1877) 의회의 회기 동안 이런 상황은 의원들을 압박히었다. 1876년 전국적인 선거경쟁에서 양당은 한편으로는 노동당의 비난을 피하기 위하여 다른 한편으로는 평소의 친 노동자 태도를 표명하기 위하여 중국인 반대를 공약으로 채택하였다. 노동당이 캘리포니아에서 계속 주목의 대상이 되고 있는 한 의회의 태평양 연안의 모든 위원들은 중국인 문제에 강력한 관심을 표명하지 않을 수 없었다.[58]

동년 5월에, 사젠트(Sargent) 상원의원은 대통령에게 중국 이민의 유입을 억제하기 위하여 벌린게임 조약의 수정을 중국과 교섭해야만

---

57 *Ibid.*
58 *Ibid.*, pp.131-132.

한다는 취지의 결의안을 제안하였다. 나아가 미첼(Mitchell) 상원의원
은 중국 이민은 아주 소수를 제외하고 모두 6대 중화회관에서 데려왔
기에 그들의 통제를 받고 있으며 그들은 쿠울리들과 방탕한 여자들로
구성되어 있다고 말했다. 심지어 그는 중국인들의 건물을 불태우고
그들을 추방하는 군중들의 행동을 용인하기까지 하였다.

그 후 캘리포니아 민주당 상원의원 로취(P.A. Roach)는 중국인 반
대감정을 촉발시켰으나 그의 노력은 중국인 반대운동의 원인에 대한
어떤 실질적 결과를 낳지 못하였으며, 동부의 상원의원들은 중국인 반
대운동 배후의 동기가 매우 적절치 못하다고 비판하였다.[59] 마침내 모
튼(Morton) 상원의원은 대통령도 상원도 충분한 정보 없이 입법화할
수 없다는 것을 언급한 후 중국 이민 문제의 조사 위원회를 캘리포니
아에 보내야 한다는 사젠트 의원의 대체결의안에 동의하였다. 이 제안
은 의회에서 통과되어 1876년 10월 18일 의회연합조사위원회(Joint
Special Committee of Congress)를 구성하였다. 구성된 6명의 위원은
인디애나 주의 모튼 의원, 뉴욕 주의 미드(Meade) 의원, 매사추세츠
주의 윌슨(Wilson) 의원, 테네시 주의 쿠퍼(Cooper) 의원, 캘리포니아
주의 사젠트 의원과 파이퍼(Piper) 의원이었다. 모튼은 위원장이었으
나 병으로 실제적인 종합보고에 참여하지 못했고, 미드는 며칠 후 사
퇴하였으며 윌슨도 조사에 참여를 원하지 않았다. 그러므로 실제적인
담당자는 사젠트, 파이퍼, 쿠퍼 3명이었다. 사젠트와 파이퍼는 원래
샌프란시스코 쿠울리 반대연합회의 명예 부회장인 동시에 중국인 반

---

59 *Ibid.*, pp.132-133. 비판의 내용은 당이 대통령선거에서 표를 얻기 위해서이거
　나 범죄인을 몰아내는 것이 아니라 노동자를 몰아내기 위한 것으로 보았다.

대단체에서의 실질적인 집행자였다. 최종보고서는 주로 사젠트가 작성하였다.[60]

이 위원회는 짧은 기간인 18일 동안 샌프란시스코와 새크라멘토에서 조사하였으며 129명의 증언을 청취하였다. 그들 중 중국인을 이해하는 사람은 52%로 목사, 외교관, 제조업자, 철도업자, 상선업자, 국제무역업자 등이었고 반대하는 사람들은 40%로 공무원, 신문기자, 노동자 등이 있었으며 기타가 8%였다. 정치가나 정치적 활동에 참여하는 사람들은 거의 대부분 반대하는 입장이었다.

또 중국 이민제한에 관한 69명의 조사결과에 의하면, 제한이 불필요하다가 33명, 외국인과 같은 대우를 하여야 한다가 6명, 조금 제한해야 한다가 16명, 완전히 금지해야 한다가 10명, 기타 4명이었다.[61]

위의 두 결과에서 보면 캘리포니아 주에서 중국인을 이해하고 칭찬한 사람이 적지 않았다고 하겠다.

그러나 조사보고 내용은 캘리포니아 상원의 보고와 거의 동일하였는데, 살펴보면 다음과 같다.

① 샌프란시스코 시의 중국인은 35,000명이 되고 생활방식과 공공위생의 수준이 낮고 화재 방지와 공공 안전에 대한 지식도 없다.

② 미국인과 동화하지 못하고 법정에서의 진술도 불확실하고 자치능력도 없다.

---

60 45th Congress, 2nd session, 1877-1878, *Senate Miscellaneous Document No.36*, pp.1-36.

61 M.R. Coolidge, *op. cit.*, pp.97-98.

③ 수준이 유럽 사람보다 낮다.

④ 공민선거도 잘 이용하지 못한다.

⑤ 그들은 자식이 없고 학교교육도 안 받았다.

⑥ 몇 년 후에 반드시 귀국한다.

⑦ 그들은 부인을 팔고 병 환자에 대해 친절하지 않다.

⑧ 캘리포니아에서의 거주는 미국에 이익이 없다.[62]

따라서 지금 캘리포니아에는 중국인이 많이 생활하고 있는데 그들에게 선거권을 준다면 반드시 통제하지 못할 것이다. 중국인 수는 캘리포니아 인구수와 비슷하지만 중국 인구 성장률은 캘리포니아인보다 빠르다. 본 위원회의 판단에 의하면 계속 중국 이민을 허가하면 얼마 후에 태평양지역의 영토는 곧 중국인의 영역이 될 것이다. 그러므로 이 문제를 빨리 해결하지 않으면 안 된다고 위원회는 보고서에서 결론 내리고 있다.[63]

이것은 캘리포니아 정치가들의 편견이라고 말할 수 있고 의회연합조사위원회 위원장인 모튼의 일기를 보면,[64] 캘리포니아 주 상원과 의

---

62 *Ibid.*, pp.99-100.

63 G.F. Seward, *op. cit.*, pp.2-4.

64 모튼의 일기에 의회연합조사위원회의 보고에 대한 의견을 중국인들은 태평양 지역에서 노동력이 부족한 시기에 와서 중태평양과 남태평양의 철도건설과 광산채굴, 황무지개발, 공공사업에서의 공헌으로 볼 때 중국인이 실업증가와 생활수준을 낮추고 백인의 발전을 방해한다고 말하는 것은 불합리한 것이라고 말했다. 오히려 캘리포니아에서의 노력은 캘리포니아 발전에 기여했으며 제조업과 많은 투자를 활발하게 했으며 직업을 택할 기회도 증가시켰고 생활수준도 다른 곳보다 높였다고 하였다. M.R. Coolidge, *op. cit.*, pp.103-105.

회의 조사내용은 불확실하고 충실치 못하다고 할 수 있다. 이런 조사와 보고는 중국인에 대한 반대감정을 증가시킬 뿐이었다. 덧붙여 이 보고서는 상극인 양당의 정치적 요구에 부응하려고 극단적으로 반중국적인 내용을 담은 것은 당연하다. 즉 중국 이민 문제는 중국인 반대 법률 제정으로 해결하려 하였다. 이런 노력은 벌린게임 조약과는 대치되었지만 예전보다 1878년 45차 의회에서 더 강하게 나타났다.

서부의원들은 토목공사에 계약노동자로 몽골인종과 귀화 중국인의 고용에 반대하는 법안을 상정하였다. 또 그들은 벌린게임 조약의 수정을 요구하는 결의안과 청원서를 제출하였다. 1878년 2월 25일 하원의 교육과 노동위원회에서도 대통령에게 중국과의 협상을 통한 조약의 수정을 요청하는 결의안에 지지한다고 공표하였다.[65]

한편, 사젠트는 중국 이민을 제한 혹은, 조정하는 여러 법안을 상원에 제출했고 부스(Booth) 상원의원은 정부가 계속 자유이주를 고수할 것으로 예상되지만 캘리포니아에서 사회질서회복을 위한 입법의 필요성을 촉구하였다. 따라서 그는 1879년 초 입법회의에 중국 이민의 금지를 요청하는 청원서를 제출하였는데 그 내용은 한 배(船)로 미국에 15명 이상의 중국인이 입국할 수 없다는 것을 규정한 것이다. 켄터키의 윌리스는 중국인은 치사하고 이기적이며 그들의 부도덕한 면, 즉 융합하지 못하는 습관을 들어 그들에 대한 비난을 되풀이하면서 서부 주들의 기존의 중국인들에 관한 법들과 벌린게임 조약을 재검토할 것 언급하였다.

마지막으로 중국인 관련 문제는 현재 가장 위험스럽다고 결론지었

---

65 M.R. Coolidge, *op. cit.*, p.133.

다.[66] 그러나 하원에서 소수인 공화당의원들은 그것은 순아메리카주의(Know-nothingism)의 부활이며 캘리포니아에서 커어니 추종자들의 요구의 반영으로 인식하고 상정된 15명 여행자법안에 반대하였다.

특히 공화당은 "이 법안이 통과되지 않는다면, 캘리포니아는 다음 대통령선거에서 민주당을 지지하는 지역으로 바뀔 것이다"라는 민주당이 언급한 것에 반감을 드러냈다. 반대로 민주당은 중국인은 불결·사악하고 자치를 할 수도 없고, 동화도 되지 않으며, 계약 쿠울리로 노동에 참여하고 있고, 중국 정부도 벌린게임 조약을 수호하지 않고 있다고 하였다. 결국 민주당은 수정 및 지연보다 더 강력한 입법인 중국인 입국금지 법안을 다수의석을 이용하여 통과시켰다.[67]

나아가 이 법안은 상원의 추천도 없이 외교관계위원회로부터 지지를 받았다. 그 이유를 모건(Morgan) 상원의원은 다음과 같이 설명하고 있다. "정치가들은 태평양 연안의 각 주의 유권자들로부터 표를 얻는 수단으로 중국인 문제를 정치적으로 이용하면서 반대급부로 그 법안제정을 강력히 요구하였다. 따라서 이 법안은 정치적이고 대통령선거와 매우 관련이 깊다." 또 의장인 메인 주 상원의원 햄린(Hamlin)은 "나는 개인적으로 이 법안의 무기한 연기를 제안한다. 중국인은 계약 쿠울리들이 아니며 그들에게 투표권이 주어진다면, 그들을 제한하려는 문제는 의회에서 화제가 되지 못했을 것"이라고 언급하였다.

---

66 45th Congress, 3rd Session, 1878-1879, *House Report No.62*, No.111.

67 투표 찬반 비율표

	민주당	공화당	계	기권
찬성	104	51	155	61
반대	16	56	72	

M.R. Coolidge, *op. cit.*, p.135.

상원에서의 토론이 재개됨에 따라 동일한 메인 주의 블레인(Blaine) 상원의원은 상정 법안에 대하여 변호를 맡았다. 그는 중국인 동화에 관한 투표에서 상원의석을 3/4 차지하고 있는 공화당이 상원에서 31 : 9로 지지했다는 사실을 비꼬듯이 언급하면서 중국 이민과 유럽 이민을 비유한 것, 즉 중국인은 가족관계를 존중하지 않고 남편과 부인의 관계를 인식하지 않고 부모와 자식의 연분을 지키지 않는 노동자라고 표현한 것에 대하여 항의하였다.[68]

대통령과 국무성, 그리고 중국의 정중한 권고에도 불구하고 법안의 통과가 아주 명백하게 되었을 때, 조약 위반의 측면에서 친중국인 소수파 의원들이 그것을 부결시키거나 또는 법안의 수정을 통하여 그 법안의 가혹함을 다소 완화시키려고 노력하였다. 몇 몇 의원들은 중국 황제가 벌린게임 조약의 수정을 승인하지 않는다면, 미의회는 이 불쾌한 조약이 1880년 1월 1일로 종료된 것으로 간주할 것이라는 입장표명을 했고, 이에 반해 호어(Hoar) 상원의원은 의회기 조약을 폐지할 때는 일정한 조건을 갖추어야 한다며 일부 의원의 비법률적인 행위는 명예롭지 못하며 또한 비상조치를 통하여 폐지한다면 그것도 정당화될 수 없다는 점을 강력히 항의하였다.

그러나 사젠트 상원의원은 중국인들은 쿠울리, 노예노동자, 계약노동자들이라고 몰아 부치면서 호어 의원의 발언을 중단시켰다. 그리고 그는 친중국인 상원의원들은 감상주의와 일반주의에 함몰되어 있다면서 경멸하였다. 이에 대하여 호어 의원은 이것은 감상주의가 아니라 영원한 진실이며 이 법안은 신뢰의 불이행이고 원칙의 위반이라고

---

68 *Ibid.*, pp.136-137.

반박하였다.[69]

결국 이 법안이 떳떳치 못한 다수에 의하여 통과되었지만, 의결표를 보면 공화당은 반으로 양분되었고, 민주당은 25 : 8로 분리되었다.

이 법안이 상원에서도 통과되자 캘리포니아인들은 이 문제에 별 다른 이의 제기 없이 동의를 위해 노력했으며, 대중 집회까지 열어 열렬히 지지하였다. 바네스(W.H.L. Barnes) 장군 같은 사람에게 의회가 이 법안을 통과시킨 이유를 물었을 때, 그는 캘리포니아 투표는 다가오는 대통령선거에 큰 영향을 미칠 것이 기대되기 때문이 아니겠느냐고 대답하였다.

그러나 이 법안은 1879년 3월 1일 헤이스 대통령에 의하여 거부되었다. 대통령은 벌린게임 조약은 중국에 있는 미국인에게 특별한 호의와 특권을 주는 것 대신 미국이 항구적인 평화와 조정을 보증하는 상호주의에 입각한 조약체결이다. 이미 1868년 수많은 중국 이민이 있었으나 그 당시 태평양 연안 주들은 벌린게임 조약의 수정을 요구하지 않았다고 그는 말했다. 또 대통령은 서부 주들이 드러낸 불만에 주목하면서도, 한편으로 의회의 조약 폐지권과 행정부 및 상원의 조약 체결권을 의회에 상기시켰다.

어떤 조약의 폐지문제는 최고의 정당성과 필연성 모두에 입각하여 명백하게 정당함을 증명하여야 한다. 현재 미국에 있는 중국인 혹은 중국에 있는 미국인의 보호측면에서 볼 때 조약을 철회할 정도의 비상사태는 아니다. 심지어 조약의 수정에 필요한 시간 때문에 발생한 지연으로 태평양 연안 사람들이 불평으로 가득 차 있지만, 중국과 맺은

---

69 *Ibid.*

조약으로 인한 장애가 불편스러울 수도 있다. 하지만 그것이 우리에게 더 항구적인 이익이 될 것이다.[70]

이 법안이 대통령의 거부로 통과되지 못하였다는 소식이 캘리포니아에 전하여졌을 때 법안에 반대한 대통령과 상원의원들에 대한 격노뿐만 아니라 인신공격마저도 서슴지 않았다. 한편 태평양 연안의 공화당의원들은 다음 선거에서의 당의 운명을 경고하면서 대통령의 행동에 거부하고 법안을 통과시키는데 사젠트 상원의원이 가장 활동적이었다는 점을 홍보하기 위해 회의를 소집하였다. 반면에, 민주당의원들은 캘리포니아를 배반한 것은 공화당 행정부라는 점을 집중적으로 부각시켰다.[71]

따라서 캘리포니아 인들의 거의 10년에 걸친 노력에도 불구하고 그들은 새 법의 제정이나 현행조약의 수정을 통하여 중국 이민의 제한하려는 어떤 조치도 성취하지 못하였다. 그러나 이 법은 제한법의 제정을 위한 전조가 되었다는 데에서 역사적 의미를 찾을 수 있다. 왜냐하면 캘리포니아 인들의 중국인 반대를 위한 조직적인 노력은 공화당 행정부에 큰 정치적 부담을 안겨준 것은 사실이다.

대통령의 거부권에 의해 법안이 통과되지 못하였음에도 불구하고 캘리포니아는 1868년 벌린게임 조약이 체결되고 10여 년이 경과하면서 많은 변화가 있었다. 즉 캘리포니아뿐만 아니라 대부분의 지역에서의 여론은 경제적, 정치적, 사회적 문제와 관련하여 무제한 이민에

---

70 45th Congress, 3rd Session, 1878-1879, *House Executive Document No.102*, pp.1-7.
71 M.R. Coolidge, *op. cit.*, p.140.

대한 인식의 변화가 나타났다. 따라서 캘리포니아 인들은 여전히 중국인이 계약노동자, 범죄자, 매춘부 그리고 병자들이라며 제한하는 법 제정을 요구하였으며, 더 나아가 그들은 상인계층을 제외한 모든 이민들을 금지하기를 바랐고 이런 목적을 위해서 벌린게임 조약의 수정이나 폐지가 반드시 수반되어야 한다고 인식하였다.

결국 대통령이 거부하였으나 양당은 선거 후 공약 이행에 대해 의구심을 유권자들이 갖자 투표자들에게 법률적 구제를 약속하면서 그들을 진정시키려고 애썼다.

그동안 중국의 동의 없이 수정 법안을 마음대로 시행할 수 없다는 것을 인식한 국무성은 무차별 이민의 폐단을 차분한 분위기 속에서 중국 정부가 깨닫도록 하였다. 1879년 4월 국무장관 에버트(Evarts)는 시워드 주중대사에게 미국 태평양 연안 주들이 느끼는 불안에 대해 중국 정부가 관심을 갖도록 요구하였고, 또 계약노동자, 극빈자, 범죄자의 이주와 현행 조약 규정에 의하여 기꺼이 책임을 물을 수 있는 조치와 관련된 실상을 파악하도록 지시하였다.[72] 그는 자기의 첫 임무는 미국의 중국인에 대한 적대 정책에서 발생하는 문제를 진정시키는 것과 자유정부와 인류애의 원리를 실현하려는 미국의 노력을 중국 정부에 전달하는 것이라고 보고하였다.[73]

그 후 시워드는 중국 정부에게 미국에서의 중국인 이민 문제를 친선과 우호관계의 입장에서 모든 문제를 연구하고자 제의하였다. 결국

---

72 47th Congress, 1st Session, 1881-1882, *Senate Executive Document No.175*, p.4.
73 *Ibid.*, pp.5-10.

이와 같은 시워드의 교섭노력으로 앵겔 위원회가 중국에 파견되었으며 이 위원회는 중국 노동자의 유입을 제한하는 입법을 중국 정부로 하여금 승인하게 하는 새로운 조약교섭을 시작하였다. 즉 1880년 11월 17일 미국에 거주하는 중국인 노동자나 미국으로 오는 노동자를 통제, 제한, 중지할 수 있다는 규정을 벌린게임 조약에 삽입하여 수정을 하게 되었다. 다시 벌린게임 조약의 수정조약을 근거로 하여 1882년에 중국 이민 금지법(The Chinese Exclusion Acts)이 제정되었다.

그러므로 중국인에 대한 차별과 제한의 시도는 상이한 법률 집단이 서로 간에 영향을 주었다. 반대집회를 통하여 주에서 금지법이 제정되었고 이 동일한 법이 심지어 연방 법률에서 다시 나타나게 되었다. 이런 법률 제정 과정을 통하여 지역적인 세력과 정치적 세력이 결합되었음을 볼 수 있다.

04
중국 이민의 중지와 금지

1. 노동자의 입국금지

1880년 전술한 벌린게임 조약의 체결과 중국 이민 제한에 대한 공화당 헤이스 대통령의 공약으로 중국인 반대감정은 많이 진정되었다. 그러나 이 당시 민주당은 전국대회에서 중국 이민 문제에 대한 그들의 태도를 천명하였다. 즉 타락된 중국인은 전체이든 일부이든 미국인이 될 수 없다. 같은 해 시카고대회에서도 공화당은 무제한의 중국 이민을 아주 중대한 악폐로 간주하고서 중국 이민을 제한하는 조치를 취해야 한다는 결의안을 채택하였다.[1]

가필드(Garfield) 대통령은 공화당의 대통령직 지명을 수락하는 그의 서한에서 중국 이민에 관한 그의 견해를 표명했는데, 그것은 "중국

---

[1] 47th Congress, 1st Session, *Congressional Record*, 1882, Vol. 13, part 3, p. 2130.

과의 교섭이 실패할 경우 제한에 의해 악폐를 경감시키는 것이, 그리고 그들의 증가를 막는 것이 의회의 의무이다"[2]라고 분명하게 밝혔다. 그는 취임 4개월 만에 암살되었는데, 그의 죽음은 태평양 연안 주들의 낙관적인 입장에 실망을 주었다. 그 이유는 태평양 연안 주들은 그에게 중국 이민에 관한 제한조치를 기대했었기 때문이다.

70년대에 이르러 캘리포니아는 남자 인구의 급속한 증가 때문에 정치적 중요성을 띄기 시작하였으나, 남북전쟁 후 미국의 통합과 발전을 위한 여러 조치들은 공화당을 오히려 어느 곳에서든지 그들의 기반을 잃게 만들었다. 즉 1884년 클리브랜드의 선거에서 압도되기 앞서 1876년과 1880년에 패배를 당한 상태가 일어났다. 이 기간 동안 캘리포니아를 차지하려는 양당의 싸움은 더욱 맹렬하게 되었고 그들의 정치적 수준과 균형에 맞지 않는 법률의 제정을 입법부에 요구하였다.[3] 1882년 캘리포니아의 주선거가 다가왔을 때 의회에서 캘리포니아 하원의원들은 중국 이민 문제에 관심을 갖고 문제화하였다.

실제로 1880년대 초 중국에서 미국으로의 이민은 점차 증가하는 추세였다. 1880년의 8,992명에 비해 1881년 도착자는 11,890명, 1882년은 도착자가 무려 39,579명을 기록하였는데, 출국자를 뺀 순수한 수는 그 이전의 어느 해보다 많은 29,212명에 이르렀다. 그 이전의 순수한 이민 증가 수는 1852년의 18,258명이 최고였다.[4]

태평양 연안 사람들은 이와 같은 현상을 방관할 수만 없었다. 결의

---

2 *Ibid.*, p.2131.
3 M.R. Coolidge, *op. cit.*, p.179.
4 *Ibid.*, p.498.

안을 의회에 보내, 이런 사태에 대하여 제재하여 줄 것을 호소하였다. 즉 중국 이민이 계속 제한 없이 샌프란시스코 항구로 들어오고, 그 수가 증가하기 때문에 이것에 대한 즉각적이고 단호한 반응을 취해야 한다는 여론이 조성되었다.[5] 그리고 그들은 중국 이민을 중지하는 결정적 조치를 취해야 한다고 하였다. 캘리포니아의 밀러 상원의원은 1881년 12월 상원에 미국으로의 중국 이민을 완전히 금지하는 법안을 제출하려고 하였다. 동시에 다른 캘리포니아 하원의원들도 이런 목적을 위한 법안제정에 대하여 지지할 것을 약속하였다.[6]

따라서, 1881년 12월 5일 두 개의 법안이 상원에 제출되었다. 그것은 오레곤 출신의 글로버(Grover) 의원에 의한 상원법안 No.21과 캘리포니아 출신 밀러 의원에 의한 상원법안 No.71이다.[7] 이 두 법안은 두 번 독회에 회부된 후, 외교관계위원회로 보내졌다. 1882년 1월 26일, 상원법안 No.71은 수정되어 만장일치로 가결되었음이 보고되었다.[8] "중국인과 관련된 조약규정을 강화하기 위한 법안"이란 제목이 붙은 이 법안의 내용은 다음과 같다.

1. 이 법이 통과 된 지 60일 이후부터 향후 20년 간 중국인의 미국이민을 중지한다.

2. 중국인 노동자들을 싣고 온 선주는 범법자로 간주하여, 그들은

---

5 47th Congress, 1st Session, *Congressional Record*, Vol.13, part 2, p.1667.

6 *Ibid.*, p.1590.

7 47th Congress, 1st Session and Special Session, *Senate Journal*, 1881-1882, pp.33-35.

8 *Ibid.*, p.222.

노동자 1인당 $500의 벌금이나, 1년 간 투옥의 처벌을 받는다.

3. 전술한 두 조항은 1880년 11월 17일, 이전에 이미 미국에 거주하고 있는 중국인 노동자들에게는 적용되지 않는다.

4. 만약 1880년 11월 17일 현재 미국에 거주하거나, 60일 이내에 귀국하는 중국인은 미국을 떠날 경우, 그들이 직접 미국 세관에 그들 자신이 등록하여야만 한다.

5. 1880년 조약과 이 법률에 의해 미국으로 귀국할 자격을 부여받은 중국인도 각각의 경우 중국 정부의 여권으로 입증할 수 있도록 중국 정부의 허가를 얻어야 한다.

6. 재무장관은 미국 세관에 적절한 등기부를 갖추도록 한다.

7. 중국인에게 등기 증명서를 발행하는 것은 세관원의 의무이다.

8. 중국인이 등기상에 고의로 거짓 진술하면 위증으로 간주한다. 그리고 그런 증명서를 거짓으로 취득하거나 다루는 자는 범법을 한 것으로 간주하고, $1,000의 벌금이나 5년 간 투옥의 처벌을 받는다.

9. 선주는 승선한 중국인 승객의 명부를 준비해야 하고 상륙할 때 세관원에게 그것을 제출하여야 한다.

10. 세관원은 상륙 전에 중국인 승객을 검사하여야 한다.

11. 이 법률을 고의로 위반하는 어떤 선주도 미국을 저버린 것으로 간주한다.

12. 영사관의 관리는 이 법률을 위반하여 입국하는 자들에게 권리 증명을 거부할 수 있고, 세관원도 입국을 거부할 수 있다.

13. 법률적 권한이 주어지지 않은 중국인의 상륙을 고의로 돕는 자는 범법을 한 것으로 간주하여, $100의 벌금이나 1년 간 투옥의 처벌을 받는다.

14. 중국인은 증명서를 제시해야만 미국에 입국이 허용된다.

15. 이 법률은 중국 정부의 외교관이나 다른 관리에게는 적용되지 않는다.[9]

이 법률안에서 주요 논쟁점은 20년 동안의 중지의 적법성 여부를 가리는 것이었다.

밀러, 베이어드(Bayard)와 다른 의원들은 20년의 기간은 매우 적당하다고 지지한 반면, 솔버그(Saullberg), 에드먼스(Edmunds) 그리고 다른 몇몇 의원들은 그 기간을 10년으로 줄이지 않는다면 그 법안을 표결에 부쳐야 할 것이라고 하였다. 그러나 대다수의 상원의원들은 현행조약의 측면에서, 이 법안이 정당하다고 판단하고 있었다.

상원의 토론에서 이 법안의 지지자들은 제한을 위한 이유로서 독특한 문화, 동화하지 않는 본성, 저임금과 백인 노동자들과의 경쟁, 낮은 생활수준, 악습, 그리고 다락한 중국인 노동자들의 나쁜 영향들을 열거하였다. 또 중국인은 돈을 모국으로 송금하며 혐오스런 질병을 퍼뜨린다. 그들은 또한 가족을 데리고 오지도 않는 단지 노예일 뿐이다. 그들을 이교도들이라는 비난을 덧붙였다.

캘리포니아의 밀러 상원의원은 만일 제한법이 의회에서 제정되지 않는다면, 이는 향후 큰 문제를 야기 시킬 것이다. 두 정당은 그들이 진지해서든, 또는 그들이 유권자들로부터 표를 얻기 위해 애쓰든지 간에 이 법안의 제정을 위해 표결에 붙여야 한다고 주장하였다. 더 나아가 이 상정된 법안은 모든 점을 잘 준수하고 있으며, 조약과 관련시켜

---

9 Tien-Lu Li, *op. cit.*, pp.35-36.

볼 때 모순되지 않는다고 하였다.[10] 오레곤 주의 글로버 상원의원은 "제안된 수정법은 우리 정부가 해석 가능한 범주로서 조약의 내용의 의미를 충분히 함축하고 있다"[11]고 주장하였다. 캘리포니아의 팔레이 (Farley) 의원은 "우리는 제정된 법안으로 중국인을 억압하지 않는다. 우리는 조약 그 자체가 단순히 규정하고 있는 내용을 우리가 할 수 있는 범주 내에서 행할 것이다"[12]라고 하였다. 아르칸소스의 가랜드 (Garland) 의원은 "이 법안은 제약의 조항과 조치 외의 운용과 관련된 조항은 전혀 없다"[13]고 언급하였다. 오레곤 슬래터(Slater) 의원은 이 법안은 조약의 규정으로부터 도출한 것이다.[14] 콜로라도의 텔러 (Teller) 의원은 "우리는 조약의 내용과는 별개로 이 법안을 의회에서 통과시킬 권한을 갖고 있다고 믿기 때문에 그것을 표결할 수 있다"[15] 고 언급한 것에서 법률의 제정이 조약과 무관하다는 합법성을 주장하고 있다.

밀러 의원의 견해에 동조한 의원들 중에서 일부는 그것을 자기보존의 수단으로, 나머지는 중국 쿠울리 집단이 가진 현재 위험보다 오히려 앞으로 발생 가능성 있는 문제에 염두를 두었다. 그러나 캘리포니아 인들에게 동조하는 남부 민주당원들은 인종문제를 그들 자신과 관련된 민족문제로 생각하고 있었다.

---

10 47th Congress, 1st Session, *Congressional Record*, 1882, Vol. 13, p. 1481.

11 *Ibid.*, p. 1547.

12 *Ibid.*

13 *Ibid.*, p. 1585.

14 *Ibid.*, p. 1634.

15 *Ibid.*, p. 1644.

한편, 이 법안 조항의 예리한 분석을 토대로 하여 공화당 의원과 뉴
잉글랜드 의원들은 법안에 대해 강력히 반대하였다.

매사추세츠의 호어 상원의원은 제정된 법안이 집권당의 제도와 품
위에 손상을 입히지 않았지만 그 법안은 인종과 직업에 의한 차별적
내용을 포함하고 있다면서, 그는 조약내용을 구실삼아 법안의 집행이
자신에는 조약 규정을 위반하도록 강요하는 것과 같다고 주장하였
다.[16] 플로리다의 콜(Call) 의원은 우리가 통과를 바라지만 조약의 내
용과 상충되는 부분이 있어서 법안의 통과를 허용하지 않는다면, 우리
는 조약 수정의 협상이 이루어질 때까지 법안 집행을 중지해야만 한
다. 이 법안이 집행된다면, 그것은 조약의 정신과 취지에 부합되지 못
하기 때문에 여러 가지 점에서 부적절하고, 또한 가혹하고 부당하
다.[17] 조오지아의 브라운(Brown) 의원은 "이것이 우리가 중국 정부와
신의를 지키는 것인가? 이것이 조약정신이라고 여기 있는 상원의원들
이 밀힐 수 있는가?"[18]라고 자조하며 중국인이 노동사로 오는 경우를
제외하고, 중국인들의 자발적 왕래를 허용하지 않는 이런 뻔뻔스러운
법 제정에 대하여, 그것은 조약 위반이라고 항의하였다. 매사추세츠
의 도스(Dawes) 의원은 법안에서 우리는 미국으로 오는 어떤 중국인
노동자들도 20년 동안 절대로 금지해서는 안 된다고 하였으며, 또한
버몬드의 에드먼스 의원도 20년 동안의 중지는 조약의 올바른 정신이
라고 생각하지 않는다고 하였다.[19]

---

16 47th Congress, 1st Session, *Congressional Record*, 1882, Vol.13, p.1517.

17 *Ibid.*, p.1640.

18 *Ibid.*, p.1670.

19 *Ibid.*, pp.1670-1674.

또 코네티컷의 플래트(Platt) 의원은 법안은 통제나 제한이 아닌 금지와 배척에 목적이 있어 전폭적으로 지지할 수 없다고 하였다. 이 법안은 상세한 등기제로 조약을 위반하였으며, 더욱이 중국인이 백인이 아니므로 미국에서 일할 자격이 없다는 주장은 아메리카주의에도 위반된다고 하였다. 그는 공화당의 조치는 온당치 못하며, 오히려 노예노동 뿐 아니라 자유노동도 함께 공격하게 되므로 공화당 강령이나 가필드 대통령의 서약과도 상치된다고 주장하였다. 그러나 동시에 미국 노동자의 보호에 대해서도 그는 조약에 위배되지만 않는다면 어떠한 법안의 표결에도 기꺼이 참여하겠다는 확고한 신념을 표명했다.[20]

같은 주의 홀레이(Hawley) 의원은 "중국 노동자는 불법적이거나, 나쁜 목적으로 도래한 게 아니며, 미국 의원들도 역시 이민을 금지하려는 어떠한 의도도 없이 중국으로 갔다. 그러나 우리는 지금 20년 간 금지하려고 시도하고 있으며, 중국인을 거절할 권리를 얻고자 중국을 공격하고 있다. 제정할 법안은 조약의 위반이며, 미국의 전통적인 정책에도 위배된다"[21]고 하면서 법안 제정에 반대하는 의원들은 조약 체결의 의도에서 볼 때 중지와 금지를 고려해서는 안 된다는 견해를 나타내고 있다.

이와 같은 찬·반의 첨예한 대립은 오히려 15개조 수정안을 제안하게 하였다. 오레건 주의 글로버 상원의원은 법안의 추가조항 및 수정안을 제안하였는데, 법률이 집행되는 순간부터 귀화를 막고, 중국인 노동자란 용어에 숙련과 미숙련 노동자들과 광산 노동자를 의미하는

---

20 *Ibid.*, p.1702.
21 *Ibid.*, p.1739.

조항을 덧붙이는데 성공하였다.[22]

캘리포니아의 팔레이 상원의원은 장차 주 법원과 연방법원이 중국인에게 시민권을 허용하지 못하도록 하여야 한다고 말했다. 따라서 이 법률과 상충되는 모든 법률은 폐지되어야 한다는 그의 제안도 동의를 받았다.[23] 캔서스의 잉겔스(Ingalls) 상원의원은 두 개의 수정안을 제안하였는데, 그 하나는 제안의 첫 조항에 있는 20년을 삭제하고 10년으로 대체하는 것인데 부결되었다.[24] 브라운 의원에 의해 수정된 다른 하나는 법안의 첫 조항의 60일을 90일로 대체하는 것인데 동의를 받았다.[25]

결국 20년간의 중지기간을 10년 혹은 그 이하로 줄이려는 수정안은 부결된 대신 법률이 효력을 발하기 전 60일간의 기간을 90일로 연장한다는 수정안만은 가결되었다. 이것에 대하여 호어 상원의원과 뉴잉글랜드출신 의원들의 비난이 이어졌으나 아무런 소용없었고, 에드먼스 상원의원은 조약정신의 준수를 호소하고 이 법안을 민주당이 정치적 수단으로 이용하려 한다고 비난하였다. 이런 반대에도 불구하고 이 법안은 32명이 불참한 가운데 표결에 붙여 29:15로 상원에서 통과되었다.[26]

이렇게 수정된 상원법안 No.71은 캘리포니아 페이지(Page) 의원의 발의로 하원법안으로 대체되었으며, 즉시 의안으로 상정되어 두 번에

---

22 *Ibid.*, p.1750.
23 *Ibid.*, p.1749.
24 *Ibid.*, p.1709.
25 *Ibid.*, p.1715.
26 *Ibid.*, pp.1750-1753.

걸친 독회가 있었다.[27] 중국 이민에 대한 조약위반과 불공평의 문제에 대한 하원의 토론이 상원보다 훨씬 관심을 받지 못했다. 반복되는 중국인에 대한 전형적인 많은 반대 논조가 캘리포니아 하원의원들에 의해 이어졌다. 반면에 뉴잉글랜드 의원들은 캘리포니아 하원의원들의 주장에 대해서 반박하고, 조약과 미국의 일반적인 이민 정책에 부합하는 기존 이민법의 집행을 요구하였다.[28]

당시 오스(Orth) 의원이 발의한 상정 법안의 이유를 보면, "첫째, 중국인의 대량유입은 우리의 제도를 위태롭게 할 것이다. 둘째, 그들은 우리의 언어를 이해할 수 없다. 셋째, 그들은 우리와 같은 의복을 입지 않는다. 넷째, 그들은 이교도들이다. 다섯째, 그들은 우리 정부에 관심을 갖지 않는다. 여섯째, 그들은 저축한 돈을 중국에 송금하기 때문에 미국을 가난하게 만든다. 일곱째, 그들이 죽었을 때 그들의 시체를 그들의 모국으로 도로 갖고 간다"[29] 등이었다.

한편 상정된 법안에 반대하는 입장의 셔먼(Sherman) 의원은 "첫째, 이 법안은 불필요하다. 둘째, 그것은 우리의 헌법과 법률의 방침에 위배된다. 셋째, 그것은 조약에 의해 주어진 권한 밖에 있다. 넷째, 그것은 우리에게 상업상 손해를 줄 것이다"[30]라는 근거를 제시하였다. 또 로빈슨(Robinson), 타일러(Tyler), 스크랜튼(Scranton), 버터워스(Butterworth), 로드(Lord), 호크(Hawk), 리차드슨(Richardson), 던넬(Dunnell) 등의 의원은 중지기간을 10년으로 줄이도록 요청하였다.

---

27 *Ibid.*, p.1899.
28 M.R. Coolidge, *op. cit.*, p.173.
29 47th Congress, 1st Session, *Congressional Record*, 1882, Vol.13, pp.2187-2188.
30 *Ibid.*, p.2206.

이에 반해 페이지, 윌리스, 캐시디(Cassidy), 스피어(Speer), 맥클루어(McClure) 등의 의원은 20년은 그렇게 오랜 기간이 아니라고 하였다. 특히 페이지와 윌리스 의원은 이 법안은 조약에 의거하여 준비된 것이며 그 목적은 조약의 실행에 있다고 하였다. 그 반면 타일러, 라이스(Rice), 테일러(Taylor), 무어(Moore), 윌리암스, 버터워스, 카슨(Kasson), 브라운 등의 의원은 그것은 조약의 위반이라고 선언하였다.

그 후 토론을 거친 11개조 수정안은 심사와 토론과정에서 논의된 내용을 살펴보면, 기간을 10년 혹은 15년으로 줄이고, 이민을 매년 10,000명으로 제한하며, 노동자란 용어는 쿠울리, 계약노동자, 노예, 범죄인, 매춘부, 빈민, 병든 자로 대체하고 이런 계층만 입국을 금지하도록 한다. 그리고 통행에 관한 규정 등이 제안되었다.[31]

그러나 상정된 법안의 변경이나 지연을 허용하지 않으려는 민주당과 캘리포니아 인들의 단호한 결의가 있었으므로, 이 법안은 59명의 기권과 167 : 66의 표로 3월 23일 하원을 통과하여, 그 다음 날 상·하 양원에서 서명되었다.[32]

여기서 민주당은 과거 여러 해 동안 중국인 문제에 관여하지 않은 공화당을 힐책하였으나, 공화당은 오히려 민주당은 추잡한 정치적 동기로 이용한다고 비난하였다. 인종과 직업에 따른 금지주의는 논의되지도 정당화 될 수도 없으나 당리당략에 의하여 아주 모호하게 되었던 것이다.

이 법률은 승인을 위해 대통령에게 송부되었고, 4월 4일 대통령으

---

31 *Ibid.*, pp.2226-2227.
32 47th Congress, 1st Session, *Senate Journal*, 1881-1882, p.473.

로부터 거부 메시지와 함께 회부되었다.[33] 그 동안 와싱턴 주재 중국 대사는 제5조에 대한 항의의 이유를 설명한 각서를 미국 정부에 보냈고, 대통령이 이 법안의 거부 근거로 중국 대사의 이유를 들면서 매우 강조하였다. 법안 통과에 대한 대통령의 반대견해는 다음과 같다.

"그것은 중국과 약속한 국가의 신의를 저버리는 것이다. 이 수정법의 조약 위배는 첫조 부분부터 광범위하게 나타난다. 20년 동안 입국금지는 바람직한 법적 조항이 아니다. 개인의 등록과 허가증 제도는 비민주적이고 미국의 헌법정신에도 위배된다. 일사부재리의 원칙이 지켜져야 한다. 즉 법 규정은 변하지 말아야 한다. 마지막으로 우의를 지키려면 우리는 20년보다 더 짧은 기간 단축으로 중국 노동자들의 이민을 중지하는 법 제정을 금지하여야 하며 지금의 우호정책을 계속 펼쳐야 한다고 의견을 덧붙였다. 지금 채택하려고 하는 정책은 우리로부터 동양인을 쫓아내려는 그리고 그들의 무역과 통상을 더 우호적인 다른 국가들로 변경하려는 경향은 더 이상 논의하지 말아야 한다"[34]는 언급을 통하여 대통령이 중국과의 우호 면에서 조약정신의 준수를 촉구하고 있음을 알 수 있다.

팔레이 상원의원의 제안으로 거부 메시지가 의제로 채택되었다. 그러나 셔먼 상원의원은 대통령과 의견을 같이하였다. 그는 "대통령과 중국인 모두가 이 수정법안이 바람직하지 않다고 주장하며, 그리고 다른 외국인들과 견주어 볼 때 중국인의 왕래 반대 규정은 삭제 되어야 마땅하므로 외교관계위원회로 이 법안을 되돌려 보내야 한다"[35]는 입

---

33 47th Congress, *Congressional Record*, Vol.13, part 3, p.2551.

34 47th Congress, 1st Session, *Senate Journal*, pp.530-531.

35 47th Congress, *Congressional Record*, p.2068.

장을 표명하였다.

이 조치를 지지한 엘리바마의 모건 상원의원은 위원회에서 이 법안을 폐지하지 못한 공화당을 비난하면서 대통령이 미국 법률을 중국 대사와 협의한 것에 대해서 강력하게 항의하였다. 그리고 그는 중국 대사가 반대한 5가지 이유에 대하여 언급하면서 중국 대사가 언급한 내용의 의미는 그것들이 의회의 상·하원에서 다수로 통과된 것보다는 법안 자체의 반대에 비중을 두고 있다고 하였다.[36]

베이어드 상원의원은 대통령의 조악한 말투의 메시지와 그의 의회에 대한 예의와 존경이 부족하다고 언급하였다. 그는 "위원회의 조약에 대한 해석이 이 법안과 조금도 관계가 없다고 생각한다. 조약은 애매하지도 않고, 조약에 있는 대로 해석되어야만 한다. 20년의 중지기간은 전적으로 합당하다"[37]는 견해를 밝혔다.

4월 6일 팔레이 상원의원은 전원 일치의 동의로 중국인과 관계된 조약규정의 실시를 위한 상원법안 No.1655 제출권을 위임받았다.[38] 그 외에 페이지 의원의 하원법안 No.5670, 윌리스 의원의 하원법안 No.5668, 베리(Berry) 의원의 하원법안 등 제목을 달리하는 이 3개의 법안은 중국 이민을 금지하는 것으로 하원에 상정되었고, 또 그것은 통상노동위원회에 회부되었다. 이 위원회를 대변하는 캘리포니아의 페이지 의원은 4월 12일 부결된 법안과는 다소 다른 법안, 즉 중국인과 관련된 하원법안 No.5804를 대체안으로 보고하였다. 이 대체안의 중지기간은 10년으로 줄었고, 중국에서 선박을 이용한 불법 입국자에

---

36 *Ibid.*, pp.2611-2613.

37 *Ibid.*, pp.2213-2616.

38 *Ibid.*, p.2639.

대한 처벌 조항과 모든 등기제도의 삭제도 포함되어 있었다. 윌리스 의원은 소수의견 보고서에서 더 극단적인 견해를 피력하였다.[39] 그는 그 법안이 태평양 연안지역을 만족시키기 위해 더 오랜 기간의 중지가 필요하며 또 규정의 복종을 유도하기 위해 벌칙이 첨부되어야 한다고 하였다.[40]

윌리스 의원의 반대에 대한 답변으로 페이지 의원은 "나는 이 법안의 몇 항목은 부결된 법안의 항목들 보다 우리 국민에게 훨씬 이롭다고 할 때, 그것은 나 자신의 감정과 그 국민 대부분의 감정을 잘 대변한다고 할 수 있다. 그러나 나의 생각은 우리는 20년 동안 금지하는 법안을 부결한 후, 15년 동안 금지하는 법안도 역시 승인하거나 부결하지 못하는 위치에 있는 대통령에 대해 평가를 내릴 수 없다"[41]라고 하여 중국과의 국제적 관계를 인식할 수밖에 없는 대통령의 입장을 두둔하고 있다.

법안은 주로 민주당 의원과 태평양 지역 공화당 의원들에 의해 더 분명히, 더 정확히, 그리고 더 포괄적으로 되지 않게 하기 위하여, 여러 가지 상세한 항목들을 수정하여 상원 외교관계위원회에 회부하였다.[42] 많은 수정을 통하여 4월 19일, 상원에 보고되었고 25일 재심을

---

39 내용을 보면

① 이 법안 하에서는 여기에 오거나 여기에 불법적으로 있는 중국인을 처벌하는 규정을 만들지 못한다.

② 모든 등록제 때문에 이민이 중지된다.

③ 이 법안의 주요한 반대는 10년이라는 조항에 있다. *Ibid.*, p.2968.

40 *Ibid.*, p.2206./47th Congress, 1st Session, *House Report, No.1017*, 1882, Series, No.2068.

41 47th Congress, 1st Session, *Congressional Record*, 1882, p.2972.

위해 상정되었는데 위원회에 의해 작성된 20년간의 기간 수정과 같이 수정된 항목을 보면, 제1, 3, 4조에서 60일을 삭제하고 90일을 넣었고, 4조의 다른 4계층에서 중국인을 중국인 노동자로 대체한다는 것[43] 등 이었다.

실제 상원의 마지막 논쟁은 노동자라는 말의 정의에 모아졌다. 모건 의원은 명확한 정의의 필요성을 역설했지만, 조약협상에서 중국 정부는 그 말이 기능공(Artisan)을 포함한 것으로 이해했다. 펜들튼(Pendleton) 의원은 그 조약의 해석을 바람직하게 하기 위해 "숙련된(Skilled)"이 사용되어야 한다고 생각하였다. 에드먼스 의원은 그 조약과 같은 말을 사용하면서 해석은 법원에 맡기기를 원했다.[44] 마침내 상원은 모든 것에 대하여 위원회와 의견일치를 보지 못하고, 당시의 귀화법을 유지하려는 에드먼스 의원에 의해 제안된 수정안도 부결된 채, 노동자를 "숙련과 미숙련(skilled and unskilled)"으로 구분한다는 말을 그대로 남겨 두었다. 또 이 법률의 규정은 때로 수정을 받아야만 한다는 취지로 제안한 랩함(Lapharm) 의원의 추가조항도 동의되지 못하였다. 법안은 1882년 4월 29일, 통과 된 뒤 바로 대통령에 의해 서명되었다.[45] 통과된 법조문을 살펴보면 대체로 다음과 같다.

1조, 법이 통과되고 90일이 경과한 이후부터 10년 동안 중국인 노동

---

42 *Ibid.*, p.3262.

43 *Ibid.*, pp.3262-3264.

44 M.R. Coolidge, *op. cit.*, p.178.

45 47th Congress, 1st Session,and Special Session, *Senate Journal*, 1881-1882, p.661, 667, 694.

자들의 미국 입국을 중지한다.

2조, 외국항구로부터 중국인 노동자를 승선시켜 미국 상륙 또는 상륙을 허용하는 선주는 범법을 저지른 것으로 간주되고, 그들을 상륙시킬 경우 $500 이하의 벌금이나 1년 내의 투옥의 처벌을 받게 된다.

3조, 전술한 두 조항은 1880년 11월 17일 현재 미국에 있는 중국인 노동자들이나, 이 법이 통과된 후 90일 전에 들어온 자들에게는 적용하지 않는다.

4조, 전술한 조항의 첫 부분에 포함되는 중국인이 선박으로 미국을 떠나고자 할 경우, 중국인에게 자발적으로 왕래할 수 있는 확인사본을 제출하거나, 항구에 있는 세관원에게 왕래를 확인할 수 있도록 등록해야 한다.

5조, 육로로 떠나는 자에게도 동일한 조항을 적용한다.

6조, 노동자 이외의 미국 입국 중국인들은 중국 정부 당국이 발행한 증명서를 소지해야한다. 이 증명서에는 이름, 직함, 관직, 연령, 몸무게, 신체적 특징, 이전과 현재의 직업, 중국 거주지를 명시해야 한다.

7조, 위조 증명서에 대한 벌은 $1,000의 벌금형 또는 5년 내의 투옥에 처한다.

8조, 선주들은 중국인 개개인의 승선 명부를 항구의 세관원에게 제출해야 한다.

9조, 항구의 세관원은 중국인 승객이 상륙하기 전에 선박에 승선하여 증명서와 대조해야 한다.

10조, 이 법률을 위반하는 선주의 선박은 몰수한다.

11조, 이 법을 위반하거나, 이런 위반에 도움을 준 자들은 벌금이나 투옥된다.

제시하려고 노력했던 면을 볼 수 있다. 즉 중국 정부가 우리에게 중지할 권한을 주었기 때문에 우리는 중국인의 이민을 중지한다. 그러나 단지 권한의 부여가 반드시 그 권한을 행사하는 이유가 되지는 않지만 이는 조약교섭의 문서와 조약 내용 그 자체가 규정한 조건들을 인정하고 있다는 점을 분명하게 보여준 예라고 하겠다. "중국 노동자들의 미국 입국이 어떤 지역의 안녕 질서를 위태롭게 할 때"라는 이 조건이 이 법률의 지지자들을 충족시키는 요구였으나 반대자들은 그런 상태는 전혀 발생하지 않는다고 주장하였다.

따라서 우리는 이 문제에 관해 그 당시 캘리포니아 주 하원의원인 밀러의 회고를 통하여 알 수 있다. 그는 이 법률 채택의 유력한 이유는 바로 정책 일관성(Consistency of Policy)의 원리에 있다고 언급했다. 그는 "위대한 국가는 행동에 모순이 있을 수 없으며, 다른 국가들과의 교섭에 있어 우유부단하거나, 변하기 쉬운 정책을 들어내지 않는다. 미국이 다른 강대국과의 조약을 맺을 때 그런 조치를 채택하는 것은 현명하고 일관성있는 정책을 펼치는 것을 보여 주는 것이다"[48]라고 하여 미국의 대외 정책의 일관성이나 단호함에 대해 찬성하였다.

여기서 과연 이런 조치를 취할 정당한 이유가 어느 정도 있었느냐가 문제라고 하겠다. 비록 중국이 이민을 중지할 권리를 미국에 양도하고, 중국 노동자들의 도래가 구체적으로 작성된 조건에 일치하고, 조약규정의 실행에서 일관성의 정책의 원칙을 요구하더라도, 법안에서 구체적으로 표현한 바와 같이 중지의 기간이 바람직하든 않든 간에 최종적으로 10년으로 줄었다고 하지만, 20년의 중지, 여권과 등록제,

---

48 48th Congress, 1st Session, *Congressional Record*, 1884, Vol. 13, Part 2, p. 1481.

귀화하지 않은 이유, 노동자란 용어의 포괄적인 해석 등이 미완의 문제로 여전히 남는다.

첫째, 조약의 교섭과정을 회고해 보면, 중지 기간의 문제는 분명하게 규명되어야 했다. 조약의 명세서가 상세하게 작성되지 않자 법안이 바람직하지 못할 것을 예상한 중국 위원회는 기회를 틈타 2년, 3년 또는 5년의 기간을 제안하였다. 이것은 또 앵겔 위원장의 증언이나 아더 대통령의 거부 메시지에서도 지적되었다.

둘째, 여권과 등록제의 공정성에 관한 아더 대통령의 언급이 있었다. 그는 "나는 개인적인 등록을 요구하는 규정과 토착민에게 부과하지 않는 여권을 중국인에게 획득을 요구할 수 있는 지에 관하여 의혹이 생긴다"[49]고 하였다.

셋째, 귀화의 이유가 이 법안에 포함되지 않은 것에 대하여 잉겔(Ingel) 상원의원은 비판하였다. 그것은 중국과 조약규정을 시행하는 데서 제안된 조항이다. 비록 팔레이 상원의원이 그것은 벌린게임 조약의 마지막 조항에 근거한다고 주장하였으나, 잉겔 상원의원은 마지막 조항 그 자체에는 귀화에 대한 내용을 담고 있지 않고, 그들이 귀화할 수 없다는 것을 솔직히 단언하고 있다고 밝혔다.[50]

넷째, 숙련과 미숙련 노동자들 모두를 포함했던, 노동자란 용어에서 중국인 위원회가 1880년 조약교섭에서 무엇 때문에 반대하였는가를 정확히 표명했다. 이유는 "그들은 이런 식으로 대다수 중국민으로부터 이 계층을 분리한다는 것은 조약의 정신에 위배된다"[51]고 말했다.

---

49 47th Congress, 1st Session, *Senate Journal*, p.530.
50 47th Congress, *Congressional Record*, Vol.13, Part 2, p.1746.
51 *Ibid.*, part 3, p.2556.

한편, 1882년 5월 6일, 중국인 이민금지법이 통과된 지 한 달도 채 되지 않았는데 그 시행방법에서 문제점이 드러났다. 즉, 이 법률은 반대자들의 예견들이 사실로 나타났다. 이 법률시행에 따른 보완해야 할 결점을 들어보면, 다음과 같다.

첫째, 통행에 관한 규정이 없다. 1882년 5월 31일에서 7월 6일까지 4개의 다른 철도회사와 기선회사가 미국 영토를 횡단하는 중국인들의 통행에 관한 지시내용을 재무장관과 국무장관에게 문의하였다.[52] 이 문제는 법무장관 부루스터(B.H. Brewster)에게 위임되었는데, 그는 1882년 7월 18일에 중국인들은 1882년 5월 6일 통과된 의회의 법률에 따라 통행할 수 없다고 결정하였다.[53] 필드(Field)와 호프만(Hoffman) 판사도 동일한 제의를 하였다. 중앙 미시간 노선에 의해 샌프란시스코에서 뉴욕으로 가는 대륙 횡단 철도 승차권을 가진 중국인 노동자들이 캐나다를 통해 디트로이트에서 나이아가라 폭포를 통과할 예정이었으나 의회의 금지법 제정으로 나이아가라에서 중지되어 되돌아 왔고, 그들이 온 길을 되돌아가려는 시도는 디트로이트에서 다시 중단되었던 것이다.

국무장관은 이 문제에 대한 재고해 줄 것을 요청했고, 첫 판결이 있은 5개월 후 법무장관 브루스터는 "나는 단순히 미국을 거쳐 가는 중국 노동자는 이민도 아니고 노동자로서 여기에 오는 것도 아니기 때문에 그들을 법률 금지의 대상으로 고려될 수는 없다고 생각한다"[54]고

---

52 48th Congress, 1st Session, *Senate Journal* No.62, Vol.4, 1883-1884, pp.5-9.

53 *Ibid.*, p.101.

54 *Ibid.*, p.40

하면서 이는 통행 규정을 제정하지 않아 일어난 혼돈이었다.

둘째, 외국 선박에 고용된 중국인 선원에 대한 규정이 없다. 선실 웨이터인 Ah Sing과 Ah Tie 그리고 시드니시 기선의 선원인 13명의 중국인 노동자들의 경우, 의회법률의 금지 및 처벌규정을 들어 그들의 선박의 승선은 보류되었으며 샌프란시스코 항구를 통한 상륙도 거부되었는데, 필드와 쏘이어 판사는 전기의 법은 "선주는 어떤 외국항구나 장소로부터 중국인 노동자를 데려 오는 것이 금지되어 있다. 금지는 그것이 외국항구에 정박하기 전에 이미 배에 승선한 노동자를 데려오는 것에는 적용되지 않는다.[55] 따라서 선장에 의한 감금은 불법적이고 청원자의 요구대로 석방되어야 한다"고 판결 내렸다.

다음 해인 1883년 영국 기선에 고용된 24명의 중국 선원이 뉴욕 항구에서 선주에 의해 갑판 아래에 감금된 일이 일어난 것을 중국 영사가 재무부에 항의하였을 때, 상륙 후의 그런 선원들의 입국은 중국인 제한법의 정신과 모순된다면서 법원은 그런 상륙허가를 거부하였다. 그리고 재무부는 법원의 법률 해석을 따라야 한다[56]는 막연한 답으로 책임을 회피하였다.

셋째, 법의 증명서 규정 중지문제이다. 중국 상인 Low Yam Chow의 경우, 필드와 호프만 판사는 미국으로 오는 중국 상인들에게 증명서 제출을 요구하는 조항에 대해 "의회 법은 중국 밖에 거주하는 사람들에게는 적용되지 않고, 또 그들의 거류증거는 선서에 의해 만들 수도 있다"[57]고 판결하였다. 시애틀 지방 법원 판사 그린(R.S.Greene)은

---

55 *Ibid.*, p.18.
56 *Ibid.*, p.63.

제6조에 규정된 증명서의 제출요구는 미국으로 오려고 하는 노동자와 성격이 다른 중국인들에게는 절대 필요하지 않다는 견해를 표명하면서 "조약에 의해 특권을 부여받은 중국인은 그들의 신상이 기재된 증명서 중의 하나를 제시하지 않으면, 미국에서 반드시 추방되어야 한다고 주장하는 것은 최혜국 시민과 국민측면에서 볼 때, 확실히 조약과 조화되지 않는 불공평한 차별과 법의 참된 의미를 확실히 벗어난 것을 그들에게 강요하는 것이다"[58]라고 덧붙여 증명서 규정의 무효를 주장하였다.

넷째, 제3국으로부터 중국인이 오는 것에 대하여 만들어진 규정이 없다. 매사추세츠의 라이스 하원의원은 영국령 홍콩으로부터 오는 중국인은 로웰(Lowell)과 넬슨(Nelson) 판사의 판결에 의하여 메사추세츠로 들어 왔다고 말하고, 1882년 법률은 대영제국의 국민 가운데 중국인에게는 허용되지 않는다고 하였는데, 그것은 조약 체결과정에서 그들에게 대한 부대규정을 설정하지 않았기 때문이었다.[59]

그 외에 1882년 법률을 시행하는데 있어 많은 장애요인들이 있다. 재무부의 에반스(J.F. Evans) 특별 대리인이 와슨(W.H.H. Wasson)에게 보낸 전보에서 하나의 법률에 대한 법원과 재무부 사이의 해석상의 차이를 다음과 같이 지적하였다.[60]

첫째, 샌프란시스코 법원은 미국에 있는 미국 선박에 승선해 있거

---

57 *Ibid.*, p.27, 29.

58 *Ibid.*, p.42.

59 48th Congress, 1st Session, *Congressional Record*, 1884, Vol.15, Part 4, p.3756.

60 48th Congress, 1st Session, *Senate Document No.62*, 1883-1884, Vol.4, pp.49-50.

나, 증명서를 제시하지 않고 상륙할 자격을 갖고 있는 중국 선원이 미국 선박에 다시 타고 있다면 미국 밖으로 떠난 것이 아니라고 판결하였다.

둘째, 미국 내 외국 선박에 고용된 중국 선원에 관해서 법원은 그들은 증명서를 제시함이 없이 상륙할 자격이 있으나, 그들이 그런 배에 고용된 선원이라는 공개된 증거가 필요하다고 판결하였다.

셋째, 중국과 다른 외국으로부터 미국에 도착한 중국 상인의 경우, 법원은 그런 사실을 선서한 증거에 입각하여 상륙할 자격을 준다고 판결하였다.

넷째, 법원은 중국에서 직접 미국에 이미 와 있는 중국 상인은 법률 제6조에 의해 되돌아오는 증명서 제시를 요구할 수 없으며 세관원 앞에 제시된 선서증거로써 상륙할 수 있다.

다섯째, 1882년 10월 26일, 재무부는 두 정부 사이의 조약일인 1880년 11월 17일 현재 미국에 있는 중국 노동자와 1882년 5월 6일 법률 통과 전에 미국을 떠났던 중국 노동자는 그들이 언급한 날짜 사이에 미국에 거류했다는 것을 세관원에게 만족할 증거를 제시함으로써, 상륙을 허가 받을 수 있다고 판결하였다. 그리고 중국 영사의 증명서는 결정적인 것은 아니지만 그 사실의 확실한 증거로 받아들일 수 있다고 판결하였다.

여섯째, 노동자든 아니든 중국인 여행자들은 규정된 바와 같이 그런 규정 하에서 미국 영토를 통과할 수 있다는 것을 또 판결하였다.

일곱째, 여성은 노동자라고 할 수 있고, 부인은 그녀 남편의 신분을 따른다. 고용인(Servant)은 노동자라고 결정하였다. 또 한편, 그동안 중국인이 미국 영토로 밀입국하였다는 소문이 퍼지면서, 그들의 통행

에서 법의 맹점을 이용하여 통과하는 예들을 보여주는 세관원의 보고
가 있었다. 1883년 6월, 1882년 2월 27일 샌프란시스코를 경유하여 중
국으로 가기 위해 뉴욕에 온 9명의 중국인 중 5명만이 떠났고, 나머지
4명은 아직 미국에 남아 있다는 보고를 세관검사관으로부터 서한으로
제출받은 썰리반 세관원은 이것을 재무부로 전송했다.[61] 그러나 이민
관리와 세관원들은 노동계층 가운데 많은 사람들이 상인이나 무역업
자들로 신분을 속이고 들어옴으로서 중국인 수가 증가하는 것에 대하
여 태평양 연안 사람들이 가장 두려워하고 있었다.[62] 따라서 썰리반
세관원은 이것을 재무장관에게 "소위 무역업자, 상인 등 그런 사람들
의 용모, 태도 등으로 보아 여기서는 보통 용어로 노동자라고 부르며,
증명서의 발급 과정에서 중국 당국의 늦장 조치로 중국인 노동자들은
법망을 피하거나 법을 무력화함으로써 그들 중 많은 수에게 미국으로
의 입국이 허락될 수 있다"[63] 하여 노동자 계층의 구분의 어려움을 나
티냈디.

1883년 11월 밀러 상원의원의 국무성 제출 서한에서, 그는 무역업
자와 상인 복장을 한 수백 명의 중국인이 오는 것에 대해서 불평하고,
국무성 관리에게 이 문제에 관하여 권고해야 한다고 하였다.[64] 덧붙여
그는 다음과 같이 언급했다. 일반적인 어려움은 중국인 관리가 노동
자를 상인, 학생 등으로 신분을 위장증명해 주는 점이었다. 이렇게 미
국이 속아 왔는데 그건 중국 당국의 위장증명을 사실로 믿는 데서 비

---

61 *Ibid.*, p.55.
62 *Ibid.*, p.65.
63 *Ibid.*
64 *Ibid.*, pp.68-69.

롯되었다. 이 같은 상황 때문에 캘리포니아의 헨리(Henley) 의원은 1882년 수정 법안을 1884년 1월 7일 하원에 제출하였다.[65] 이것은 3월 4일 외교관계위원회의 램(Lamb) 의원에 의해 수정되어 다시 제출되었고[66] 4월 22일 의회에서 통과되었다.[67]

1884년 수정법안은 규정이 엄격해진 점을 제외하면 1882년 5월 6일의 금지법과 약간의 차이만 있을 뿐이다. 그 차이나는 부분만을 살펴보면 다음과 같다.

제1조에 "어떤 외국의 항구나 장소에서 중국인 노동자가 입국하는 것은 합법적이라 할 수 없을 것이다"라는 것을 게재한다. 또 하몬드(Hammond) 의원의 제안에 의해 "90일 다음 만기 후"란 말을 이 조항에서 삭제한다.

제2조, "상륙 또는 상륙을 허용하는"이란 구절 사이에 "또는 상륙을 시도하는(or attempt to land)"이란 말을 넣는다.

제3조, 마지막 절만 다르게 "꼭 필요한 경우를 제외하고, 그런 선박을 통하여 들어온 중국인 노동자들은 상륙을 허가할 수 없다"는 것을 규정하였다.

제4조, 언제, 어느 곳에 있든지 개인의 이름, 나이, 직업에 거류지, 가족의 성명과 종족명, 직업을 등기부에 기록하도록 요구하였다.

제6조, 이전의 원본 조항 이상의 것을 요구하였는데 증명서를 신청

---

65 48th Congress, 1st Session, *Congressional Record*, 1884, Vol.15, Part 1, p.240.
66 *Ibid.*, part 2, p.1590.
67 *Ibid.*

한 사람이 상인이라면 증명서는 성격, 특성 그리고 전술한 바와 같이 그의 신청 이전과 그 시기에 그가 운영한 사업의 평가부분을 제시하여야 한다. 즉 이 법이나 전술한 조약에서 소상인, 행상인이나 포획, 세탁에 종사하는 자, 또는 본국의 소비와 수출을 위해 어부는 상인의 의미에 포함시켜 해석할 수 없다.

상인 증명서는 출발지 항구에서 미국의 외교 대표부의 배서에 의해 사증되어야 하며, 그런 증명서가 미국으로 들어오는 권리를 입증하는 유일한 증거가 될 것이다.

제12조는 미국 내에서 불법 판명받은 중국인을 이주시키는 문제에서 "미국 대통령의 지시에 의해"란 구절을 생략하고, 보안관에게 법 조항의 시행과 관련된 부분의 권한이 주어졌다.

제15조, 중국 국민이든 제 삼국의 거류의 중국민이든 모두 중국 국민으로 적용할 수 있는 법률의 조항을 만든다.

제16조, 이 법이나 수정법의 위반지는 $1,000의 벌금이나 1년간 투옥의 벌을 받을 수 있는 범법행위로 간주할 수 있다.[68]

이 법안은 125명의 기권과 184 : 13의 표로 1884년 3월 3일 하원을 통과하였고, 7월 3일 상원에서 심사를 위해 채택되었는데, 노동자와 다른 직업을 가진 자를 구별하려는 상세한 규정이 제정되었으나 주요한 견해 차이는 법안의 제 15조에 집중적으로 드러냈다.

플래트와 호어 상원의원은 "이 법의 규정은 중국 국민이든 제 삼국의 거류의 중국민이든 모두 중국 국민으로 적용할 수 있다"는 것을 삭

---

68 *Ibid.*, pp.3770-3775. 그 외의 조항은 1882년 법의 조항과 거의 동일하다.

제할 것을 제안하였으나, 밀러와 팔레이 상원의원의 반대로 부결되었다. 이 법안은 21명 불출석, 43 : 12표로 상원을 통과하여,[69] 그 후 대통령에게 송부되어 1884년 7월 4일 서명되었다.[70]

그들이 로웰, 넬슨 판사의 판결문을 참조한 1882년 법은 '제 삼국 그리고 모든 항구' 로부터 오는 중국인 노동자들을 금지시키지 못했고, 또 위증에 대한 중국인들의 여러 가지 핑계는 '상인들과 여행자들' 을 광의적으로 해석한 결과에서 비롯되었으며, 이로 인한 유사한 범죄사례가 연방법원에 쇄도하였다고 지적하였다.[71] 1884년 수정법은 이런 상황에 대한 유일한 개선수단으로 작용하였던 것이다.

그러나 1882년 법이 그 목적을 성취하지 못한 것은 아니었다. 1884년 수정법을 제정하기 이전에 중국인은 한 달에 평균 1,500명이 샌프란시스코에 도착하였다. 그리고 금지법이 효력을 발휘하기 시작한 1882년 8월 4일부터 1884년 1월 15일까지 3,415명의 중국인이 항구에 도착하였으나 그들 중 2,024명은 증명서가 문제가 되어 되돌아갔다. 나머지 1,391명 중 621명은 거류 증거 제시로 세관을 통과하였으며 중국 여권을 소지한 770명은 법률 6조항에 따라 허가되었다.[72] 수정법이 중국인 입국의 중지와 금지 효과가 있었음을 알 수 있다.

또 샌프란시스코 썰리반 세관원이 재무부에서 행한 증언에 따르면 "나는 법원과 재무부에서 해석한 바와 같이 법률을 집행하려고 노력했고, 몇몇 중국인들은 법적으로 입국허가가 될 자격이 없는 사람들이

---

69 *Ibid.*, part 6, pp.5937-5938.
70 48th Congress, 1st Session, *House Journal*, 1883-1884, p.1756.
71 48th Congress, 1st Session, *House Journal, No.614*, 1883-1884, Vol.2, p.2.
72 *Ibid.*, p.3.

입국허가를 얻었을 수도 있지만 법률의 목적대로 중국인 노동자들의 유입이 사실상 중단되었다"[73]는 것과 1882년 8월 4일부터 1883년 11월 9일까지 샌프란시스코에 도착한 중국인은 2,652명이고 출국한 자의 수는 14,086명으로 오히려 출국한 자의 초과 숫자가 11,434명이란 보고에서 그 목적이 달성되었음을 알 수 있다.

입국 금지와 관련하여 필드 판사는 "그런 절차를 정당화할 수 있는 해석이 오히려 법률에 반감을 불러와 법을 폐지하려고 노력하였다. 따라서 법률제정은 우리의 정당하고 옳은 사리에 대하여 반박할 수 없도록 한 지혜로 훨씬 더 옹호 받아야 한다. 최고법원 판결문 용어는 보편성을 띠고 있어야 하므로 모호한 용어사용을 거부하며, 잘못된 해석을 범할 우려가 있어 억압이나 불합리한 결론에 이르는 용어의 적용을 경계해야만 한다"[74]고 말하였다.

수정법의 내용을 열등한 중국인 계층에게 적용하면서 그들이 정직하게 따를 것을 요구하는 일이 어려울지도 모른다. 그러나 우리는 중국 노동자들이 제시하는 증거가 과장되었다는 것을 알 수 있을 것이다. 썰리반 세관원이 "법적으로 입국할 자격이 없는 중국인 가운데 극히 단지 일부의 중국인이 입국허가를 받을 수도 있었을 것이다"고 증언하였고, 타운센트 항의 재무부 특별대리 호르(J.C. Horr)는 법률위반에 관하여 "그 소문은 무엇이든 진실이 아니다"고 재무부에 일축하여 보고하였다.[75] 유사한 범죄사례가 법원에 가득하다는 비난에 대해

---

73 48th Congress, 1st Session, *Senate Document, No. 62*, Vol. 2, 1883-1884, p.60.
74 *Ibid.*, p.21.
75 *Ibid.*, p.66.

매사추세츠 라이스 의원은 "중국과의 맺은 조약과 중국인의 권리가 합당한지를 미국인들은 그들의 입국에 앞서 사전에 조사하고 부적합한 자들을 선별하여 법원에 제소했기 때문이다"[76]라고 언급하였다.

여기서 우리는 1882년 후 중국인의 급속한 귀환이 계속되었고 중국이 미국으로 갈 수 있는 자격을 가진 중국 국민의 여권발급을 즉시 중지시켰다고 미국에 통고한 사실을 미국무장관은 알고 있었다. 이런 상황에서 중국 노동자들의 도래가 미국의 이익을 위협하고 안녕질서를 위태롭게 한다는 견해를 미의회가 어떻게 가질 수 있느냐는 의문이 생긴다. 중국인들이 오는 것을 통제, 제한, 중지하려는 법이 조약에 의해 규정되었다고 할지라도 모든 다른 국가와 미국 사이의 조약을 무시하는 미국을 어떻게 정당화시킬 수 있겠는가 라는 자성이 미국 내에서 일어났다.

1883년 12월 1일 캘리포니아의 아르거노트(The Argonaut)지에 나타난 감정을 보면 "우리의 유명한 신문들은 그 문제에 대한 중요한 정당성보다 이 일을 소란스럽게 한 것 같다고 생각된다. 우리의 몇몇 정치가들은 어울리지 않게, 어리석게, 그것에 관하여 문제를 제시했다. 우리는 어떤 위험이 엄습하고 있는 것을 느끼지 못했다. 우리는 법에 의지할 수 있을 뿐 아니라 법에 영향을 미치기도 한다. 법에 의지하여 우리는 실제로 중국 이민을 중지시켰다. 우리는 우리가 지금 필요로 하는 수만큼의 중국인을 확보하고 있지 못하다"[77]라고 하였다. 또 샌프란시스코 신문들이 "중국인의 입국을 반대하는 노동계층의 무지한

---

76 48th Congress, 1st Session, *Congressional Record*, Vol.15, Part 4, p.3754.
77 Tien-Lu, *op. cit.*, p.52.

선동적인 인물을 혹독하게 비난하지 않고 오히려 그들을 환대하는 어리석음을 저질렀을 뿐만 아니라 그들의 편견적인 시각에 영합하고 있다. 따라서 새로운 중국인의 도래에 대한 잘못된 경고가 울림으로 인하여 중국인 이민은 저지되었다. 미국에서 중국인의 이주가 계속되어 노동력이 공급되지 않는다면 사업자체를 폐업하는 편이 더 좋다"[78]고 하여 중국인의 필요성을 냉철하게 판단한 언론의 비판적 표현을 고려할 때 1884년 법의 제정의 배경을 미루어 짐작할 수 있다.

그러나 이와 같은 몇 가지 동정적인 배경에도 불구하고 1882년 법의 시행에 따른 문제점을 1884년 법에서 수정 보완함으로써 중국인의 금지를 오히려 확대하였고, 더 상세한 등록제와 입국의 유일한 증거인 신분증명서의 제출을 규정하여 금지를 구체화하였다.

---

78 48th Congress, 1st Session, *Congressional Record*, Vol.15, Part 4, p.3755.

05
이민금지 규정의 강화와 중국의 추인

1. 신분증과 귀국증의 미발급

　1884년 더 효과적이고 더 총괄적인 금지법을 만들기 위한 수정법이 제정되었다. 그러나 이 법도 중국인 이민금지법으로써 만족스럽지 못했다. 왜냐하면 그 조항들이 1882년 5월 6일 법의 애매하고 결함이 있는 점을 수정하려고 제정되었으나 그 자체가 애매하고 결함이 있었으며 행정적인 통제의 허점으로 작용하였기 때문이다. 이 법이 통과된 6개월 후 제3국에 거류하는 중국인은 면책계층이었는데 그들의 지위와 권리를 입증하기 위한 법률조항이 없었기 때문에 미재무부는 각 세무관에게 항구에 있는 미국 대표부가 사증하고 중국 영사와 외교관리가 발행한 합법적인 증명서를 그들이 소지했는지를 확인하도록 지시하는 문서를 배포하였다. 그리고 증명서 발급시에 중국 영사나 외교관리가 없을 경우 미국 영사관 관리가 대신 그것을 발행한다. 그러나 발급 대행 업무는 미국 영사관 관리의 감독기능과 모순되었고 발급은 의회의 법에 의해 규정되었기 때문에 미국 영사들의 증명서 발급과 관련된 마지막 조항을 1885년 7월 13일 수정 시에 삭제시켰다.[1]

수정되는 동안 중국인 도착자는 급속히 증가되었고[2] 귀환증명서는 범죄자들의 수중에서 발견되었으며, 이 증명서는 홍콩에서 중개인이 사들였는데 그것을 미국에 있는 세관관리에게 조달해 준다는 소문까지 퍼졌다. 중국 이민들의 사기와 증회(贈賄)는 심각한 비난을 야기시켰으며 새로운 중국인 반대감정을 폭발시켰다. 태평양 연안 사람들의 적대적인 감정은 빈번히 폭력행위로 나타났다. 1885년 9월 2일 와이오밍 주의 록 스프링(Rock Spring)에서 150명의 무장군중들이 28명의 중국인을 살해하고 15명을 부상시켰으며 또 그들의 재산을 파괴했는데 총 재산 피해액은 $147,748.74로 산정되었다.[3]

---

1 49th Congress, 1st Session, *Senate Executive Document, No.118*, 1885-1886, Vol.7, pp.1-3.

2 기간 : 1884.7.4~1885.8.1

도착자

	노동자	노동자외의 남자	여자	총계
도착자수	12,654	2181	625	15,460

상륙조건

	노동자	노동자외의 남자	여자
증명서	11,452	108	189
특별진술	758	857	80
인신보호증	390	504	193
중국의 증명서	1	621	163
추방	53	31	0

49th Congress, 1st Session, *Executive Document*, No.103, p.3.

3 49th Congress, 1st Session, 1885-1886, *House Executive Document No.102*, Vol.30, p.4.

그 후 모든 서부 연안에 거의 동시에 이 폭력행위가 영향을 미치게 되어 타코마에서는 중국인 거주지역이 불탔고, 시애틀, 올림피아, 포틀랜드는 즉각적인 공식조치를 취하게 되었다.[4] 즉 중국인 지역을 불태우고 중국인을 추방하는 것으로 이어진 이 사태는 새로운 금지법의 제정으로 전개되었다.

한편, 중국 대사는 국무성을 통해 미국 정부가 이 문제에 관심을 갖도록 촉구하고 이 지역의 중국인을 위한 보상과 보호를 요구하였다. 그러나 베이어드 국무장관은 "1866년 2월에 외국인 범죄자 보호를 위한 모든 방법이 중국인에게도 공평하게 개방되어 있으며, 넓은 영토를 소유하고 인민에 의한 인민을 위한 지방자치정부의 우월을 갖고 있는 미국은 그 무질서한 행위를 결코 좌시할 수는 없으나, 일반인에 의해 발생한 개인적인 피해에 대한 보상은 국가 법률에 금지되어 있으므로 미국 정부의 의무가 없다"[5]는 것을 열거하여 그 책임을 회피하였다.

또 중국인 반대 집회가 샌프란시스코에서 1886년 3월 개최되었고 여기서는 "태평양 연안의 투쟁은 백인 생존권과 관련 있다. 미국은 백인국가이므로 유럽 이민의 도래는 아주 유익한 반면 비동화 인종의 도래는 불행이 될 것이다. 값싼 노동력의 수요는 1세기 전 흑인노예의 경우와 비슷하다. 그리고 다른 인종에 의해 어느 지역이 지배받는 것

---

4 *Ibid.*, pp.57-61. 이런 조치를 취한 지역을 열거하면 다음과 같다.
 Pusadena, Santa Barbara, Santa Cruz, San Jose, Oakland, Cloverdale, Healdsburg, Red Bluff, Hollister, Merced, Yuba City, Pelaluma, Redding, Anderson, Truckee, Lincoln, Sacramento, San Buenaventura, Napa, Gold Run, Sonoma, Vallejo, Placerville, Santa Rosa, Chico, Wheatland, Carson, Auburn, Navada City, Dixon, Los Angeles 등 서부지역 전역이었다.
5 *Ibid.*, pp.61-71.

을 용납할 수 없으며, 중국 노동자들의 고용을 보이콧"[6] 하기로 하는 강력한 청원서를 채택하여 의회에 보냈다.

그 후 수많은 청원서와 진정서가 전국에서 의회로 쏟아져 들어왔으며 그것의 대부분은 중국 이민의 금지를 촉구하는 것이었다. 그러나 3월 2일 클리브랜드 대통령은 순진하고 불행한 사람들을 위한 관용과 연민의 감정으로 정부의 보상금을 지급하고 이방인을 돕는 방향으로 선회하도록 의회의 호의적인 고려를 권고하였다.[7]

이런 상황은 49차 의회동안 2개의 법안을 제출하는 결과를 낳았는데, 그것은 1885년 12월 21일 제출된 하원법안 No.171과 1886년 3월 29일 제출된 상원법안 No.1991이다.

하원법안 No.171의 특징은 첫째, 중국인 노동자는 이 법안이 통과된 후부터 10년 동안 미국으로 이주할 수 있는 권한이 없다는 규정, 둘째, 미국으로 오려고 하는 중국인은 사진이 붙은 신분증명서를 갖추는 절차에 관한 규정, 셋째, 한 선박에 실을 수 있는 톤수에 의거 중국인 수를 규정하고 제한하는 것이었다.[8]

상원법안 No.1991의 특징은 하원법안에서 언급된 내용과 거의 일치한다.[9] 즉 10년 동안 중국인의 유입을 중지하고 이 법이 적용되는 어느 곳에서든 '중국인 노동자' 와 '중국인 승객' 이란 용어는 그들의

---

6 W.J. Davis, *op. ct.*, pp.481-504.

7 49th Congress, 1st Session, *House Execution Document No.102*, Vol.30, pp.1-3.

8 49th Congress, 1st Session, *House Report No.2043*, 1885-1886, p.2.

9 49th Congress, 1st Session, *Congressional Record*, Vol.17, part 5, p.4958 이하, p.5109 이하.

국적과 출생지가 중국이 아니더라도 중국인 노동자와 중국인에 포함한다는 것, 귀환하려고 미국을 떠나는 노동자 뿐만 아니라 노동자를 제외한 중국인은 사진을 붙인 신분증명서에 의해 등록해야만 한다는 것, 그리고 선박의 선주는 등록된 선박 톤수에 50톤마다 중국인 한 명씩 더 승객으로 승선시켜 데려올 수 있다는 것이다.

한편 중국과의 조약을 폐지하려는 논의, 의회에서 금지를 하기 위해 심리중인 법률, 살인, 약탈, 소사(燒死)에 의한 중국인의 학대, 정의와 보호를 위한 중국 정부의 항의에 미국 정부의 무관심은 오히려 중국 정부로 하여금 이 상황을 해결하기 위한 조처를 유발하게 하였다. 1886년 8월 중국 정부는 자진하여 미국으로 중국인 노동자들의 이주를 금지하는 제안조치를 마련한 후 북경에 있는 미국 대사와 교섭을 시작하였다.

마침내 "현재 외국으로부터 중국 노동자들은 미국으로 이주하는 것을 엄격하게 금지하는 제도를 만든다는 조건 하에 미국에 재산이나 가족이 없는 그들이 미국으로 되돌아가는 것을 허용할 수 없다. 그러나 지금 미국에 남아 있는 중국인 노동자들과 그런 중국인 계층이 조약에 의해 그들 자신의 자유로운 의지와 의향으로 왕래 할 자격이 있다는 조약 규정에 따라 영구히 대우받기를 바란다"[10]는 제안을 1887년 1월 12일 북경 주재 덴비(Denby) 대사에게 전하였다. 또 상인들에게 증명서 발행의 과정은 미국 정부 측에서 채택하여야만 하며 중국 상인들은 올바른 진행절차의 모든 과정을 알아야만 하고 자유로운 통행이 여행

---

10 50th Congress, 2nd Session, *House Executive Document No. 1*, "Foreign Relations", 1888-1889, p.362.

자에게 허용되어져야 한다는 것이 교섭과정에서 제안되었다.

　같은 날 미국무성은 중국 정부의 의도를 검토한 후 와싱턴에 있는 중국 대사에게 30년 동안 중국인 노동자의 절대금지를 규정한 조약을 제시하면서 그것의 승인을 요청하였다. 그러나 중국 대사는 "자신은 중국 정부 외무부의 지시 하에 있기에 적절한 보상 문제가 해결될 때까지 조약교섭을 할 수 없다"고 하였다.[11] 3월 18일 외무부 지시에 따라 중국대사는 베이어드 국무장관에게 미국으로 중국 노동자들이 오는 것을 금지하는 것과 미국에 부인, 가족, 친척, 재산이 없는 중국인 노동자들이 미국으로 되돌아오는 것을 허용하지 않는 것, 그리고 이미 미국에 있는 중국인을 보호하는 것을 제안한 상세한 조약을 입안하여 제출하였다.

　15개조로 된 중국 제안을 살펴보면 다음과 같다.

　제1조, 중국은 자진하여 미국으로 가려는 중국인의 이주를 금지한다. 그런 목적을 위해 어떤 기간을 정하는 것은 필요치 않다.

　제2조, 미국에 온 적이 없는 중국인 노동자는 앞으로 미국으로 오는 것이 허용되지 않는다. 부정하게 귀환증명서를 사용하거나 다른 사람의 이름을 사칭하여 미국에 오려고 하다 발견된 중국인 노동자들은 무거운 벌금을 받게 된다.

　제3조, 미국에서 중국으로 돌아온 중국인 노동자들은 미국에 그의 가족이나 친지, 돈이나 재산, 거류해 있다는 근거가 없으면 다시 돌아올 수 없다. 미국으로 출항하기 전 사전 조사를 위해 샌프란시스코 총

11　*Ibid.*, p.363.

영사에게 신고해야만 한다.

제4조, 미국을 경유하여 다른 국가로부터 중국으로 돌아오려고 하는 중국인 노동자는 아무 장애 없이 지금까지 하였던 바와 같이 허용되어야만 한다.

제5조, 금후 중국을 향해 미국을 떠나고자 하는 중국인 노동자는 떠나기 전 미국에 있는 그의 가족이나 친지, 돈이나 재산, 또는 거류해 있다는 근거가 있든 없든 조사를 목적으로 상기한 증명서를 제시하기 위해 샌프란시스코 항구의 총영사에게 보고한다.

제6조, 교사, 학생, 상인 또는 중국인 면책 계층은 자신을 증명하는 증명서나 문서를 소유하였다면 지체 없이 즉시 상륙을 허용한다.

제7조, 중국인이 적어도 관대함이 없이 호된 처벌을 받아야만 하는 것 중에 살인, 방화, 약탈 행위를 저지른 자들은 대통령이 법의 보호를 박탈한다.

제8조, 중국에 임명된 미국의 집행판과 나른 관리들은 그들에게 상해를 입히고자 하는 자들을 체포함으로서 그들을 보호한다.

제9조, 중국인과 다른 노동계층 사이의 불화감정의 경우 예방책을 강구하도록 군사당국과 민간 지방당국에 지시 내려야 한다.

제10조, 금후 어떤 자들이 화기(火器)로 중국인을 공격하고 살해하는 죄를 저지른다면 그들은 다른 사람에게 경고의 의미로 교수형의 벌을 받아야 한다.

제11조, 강제로 단순히 중국인을 추방하는 죄를 저지른 사람들은 그들의 관련된 죄에 따라 처벌받아야 한다.

제12조, 과거 중국인에 대한 잔인한 불법행위의 경우 중국인이 입은 손실과 손해에 대해서 미국 정부는 어떤 경우든지 정당하게 취급하

여야 하고 배상금을 지불해야만 한다.

제13조, 샌프란시스코 항구로 상륙하는 중국 상인들은 조약에 언급된 면제계층에 속하므로 그 항구에 있는 지방당국의 조치에 따라 과거 그곳으로 중국 노동자들이 돌아오는 경우와 구별하기 위해 법원에 출두하는 불편과 고통을 감수해야만 한다.

제14조, 1858년 조약의 제18조에는 범인 인도와 관련된 규정이 있다. 장차 중국인이 죄를 범하고 미국으로 도망을 갈 경우 재판과 처벌을 위해 중국 영사에게 중국으로 그들을 송환인도 하도록 하는 조약에 동의한다.

제15조, 이전에 중국으로부터 미국 항구로 수입된 쌀의 비용에 10%의 관세를 부과하였다. 후에 그것은 100파운드 당 $1로 올렸으며, 1864년 남북전쟁으로 그것은 100파운드 당 $2.5로 증가하였다. 미국은 번영을 누리고 있으며 국고가 넘치고 있다. 고가(高價)는 가난한 중국인에게 괴로운 부담이므로 100파운드 당 $1로 줄이기를 요청한다. 물론 미국 정부가 차와 전분에 대하여 부과했던 것과 같은 관세를 기대하지는 않는다.[12]

이 제안 중 중국 노동자들의 금지와 관련된 것은 1, 2, 3, 4, 5, 6, 13조, 미국에 있는 중국인의 적절한 보호와 관련된 것이 7, 8, 9, 10, 11조이고 12조는 배상과 관련이 있고 14조는 범인 인도에 관한 것, 15조는 수입관세에 관한 것이다. 금지제안은 1887년 1월 12일 중국 외무부에서 덴비 공사에게 보낸 것과 동일하다.

---

12 *Ibid.*, pp.366-370.

한편 베이어드 국무장관은 4월 11일 제1조, 20년 동안 중국 노동자들이 오는 것을 절대 금지한다는 것. 제2조, 제1조는 미국에 법적인 부인, 자식 또는 양친이 있거나 $1,000에 달하는 재산이나 채무를 진 중국인의 귀환에는 적용하지 않는다는 것. 제3조, 이 협의는 중국 관리, 교사, 학생, 상인, 여행자들의 권리에는 영향을 주지 않는다는 것. 제4조, 이 협의는 비준서가 교환된 후 20년 동안 실시하며 첫 기간이 만료되기 6개월 전 정부에서 그 만기를 통고하지 않는다면 동일한 기간 동안 계속 실시한다는 4개조의 이민 문제와 관련된 규정들을 구체화하기 위한 협정 초안을 와싱턴에 있는 중국 대사에게 보냈다.[13]

특히 중국인의 보호제도에 관하여 국무장관은 그것이 미국의 헌법정신에 위배된다고 비난하였으며 중국이 제안한 조처들이 실질적으로 미국 측에게 이 제도와 관련하여 대변혁을 요구한다고 생각하였다.

8월 16일 그의 대답에서 중국 대사는 협의 초안에 중국인 노동자들의 보호에 관한 것과 군중폭동에 의해 중국인 노동자들이 받은 손상에 대한 배상 내용이 빠졌으므로 이것들이 초안에 입안되도록 제안하였다.

그 후 1888년 2월 29일 국무성에서 인터뷰한 결과로 A, B, C로 번호를 매긴 3가지 추가조항들이 동의되었는데 그것은 4, 5, 6항으로써 협정에 삽입되었다. A조항은 미국에 거주하는 중국 노동자나 다른 계층의 중국인들은 그들 국민과 재산을 보호하기 위해 최혜국 시민으로 미국법에 주어진 모든 소송절차의 권리를 보장받는다고 규정하였다. B

---

13 *Ibid.*, pp.371-372.

조항은 책임에 관계없이 미국은 중국 국민이 당한 모든 손실과 손해에 대한 충분한 배상으로 $276,619.75을 지불하기로 동의한 규정이었고, C조항은 중국 정부는 브리티시 콜롬비아(British Columbia)를 경유하여 홍콩에서 미국으로 오는 중국인 노동자들의 유입을 막기 위해 영국 정부와 협정을 맺어야만 한다고 규정하였다.[14]

베이어드 국무장관과 Chang Yen Hoon 대사 사이의 개별회담에서 더 수정된 내용은 대체로 다음과 같다.

제1조, 고위계약당사자는 이 협약의 비준서가 교환된 후 아래에서 구체적으로 명시한 신분을 제외하고 20년 동안 미국으로 중국 노동자들이 들어오는 것은 절대로 금지한다는 것에 동의한다.

제2조, 전항은 미국에 법적인 부인, 자식이나 양친이 있거나 $1,000 정도의 재산이나 채무를 진 중국인 노동자들의 귀환에는 적용할 수 없다. 그러나 그런 권리는 미국으로부터 출발하는 날로부터 1년 내에 행사된다.

제3조, 이 협정의 규정들은 관리, 교사, 학생, 상인이나 여행자의 신분으로 미국에 오거나 거류하는 경우 중국 이민이 현재 향유하고 있는 권리에는 영향을 미치지 않는다.

제4조, 미국에 거류하는 중국인 노동자들이나 어떤 다른 계층들은 그들 자신과 그들 재산이 보호되어져야 한다. 모든 권리들은 귀화하여 시민이 된 자의 권리를 제외하고 최혜국의 시민으로서 미국법에 의해 주어진다.

---

14 *Ibid.*, pp.388-389.

제5조, 책임의 문제와 관계없이 미국은 중국인이 당한 모든 손실과 손해에 대한 충분한 배상금으로 $276,619.75을 지불한다.

제6조, 이 협정은 비준서가 교환된 후 20년 동안 실시되고, 그 만료의 통고가 그 첫 기간의 만료 6개월 이전에 정부에 의해 통고되지 않는다면 20년 더 연장한다.[15]

이 조약은 1888년 3월 12일 와싱턴에서 두 정부의 대표 전권대사에 의해 조인되었다. 4일 후 대통령은 조인협정의 승인을 위해 상원으로 보냈으며, 5월 8일 베이어드 국무장관은 중국 대사에게 두 수정안과 함께 상원에서 조약이 승인되었음을 알렸다. 즉 조약의 제1조에 "그리고 이 금지는 현행법 하에서 귀국증명서를 소유하든 안 하든 지금 미국에 체류하지 않는 중국 노동자들까지 귀환을 확대 적용해야 한다"와 제2조에 "그리고 그런 중국 노동자들은 여기에서 귀환증명서를 요구하는 엄격한 세관관리에게 그 증명서를 제시하지 않고 육로나 해로를 통하여 미국에 입국하는 것을 허용할 수 없다"[16]고 첨가시켜 미국의 입국금지를 강화했다.

국무장관이 중국 대사에게 전달하는 과정에서 이 수정안이 상원심사 중 원 조약의 규정들이 다소 변경되었다는 것을 발견하지 못하였다고 말하고 중국 대사는 원 조약의 용어들이 바뀌지 않았으므로 수정안을 정당한 형태로 기꺼이 받아들였다. 5월 12일 중국 대사는 조약의 비준에 관한 중국 정부로부터의 통지를 기다리며 수정안을 외무부에

---

15 *Ibid.*, pp.393-394.
16 *Ibid.*, pp.396-400.

전보로 보냈다.[17]

상원에 의해 제정된 조약 수정안에 대해서 중국으로부터 승인을 기다리는 동안 태평양 연안 사람들은 상원의 수정안이 어떤 가치를 가질지라도 중국인의 대부분이 법의 조약규정이 실시되기 전 미국에 올 수 있다는 사실이 퍼져 나가면서[18] 조약규정을 실행하기 위한 조치의 절박성이 요구되었다.

따라서 조약의 비준이 심의중인 상태에 한 법안을 외교관계위원회로부터 1888년 7월 11일 돌프(Dolph) 상원의원이 상원에 보고하였다. 그는 "조약규정을 시행하기 위해 필요한 규정을 마련하기 위해서 법률은 조약이 효력을 발휘할 때 영향력을 미치도록 통과되어야 한다"[19] 고 그 법안의 필요성을 역설하였다.

이 법안의 내용을 살펴보면 크게 8가지로 요약할 수 있다.

첫째, 이 법은 이전의 두 법을 폐지시키고 이 법이 허용하는 것 이외의 방법으로 중국인이 미국으로 들어오는 것은 불법이다.

둘째, 중국 정부의 관리, 교사, 학생, 상인, 여행자들은 그들 정부로부터 발부받은 신원증명서를 제출해야만 한다.

셋째, 이 규정은 중국 외교관들과 그들의 가족과 하인을 제외하고 중국 국적소유자든 어떤 다른 국가의 국적의 소유자든지 모든 중국계 후손은 같은 조항을 적용한다.

넷째, 노동자란 용어는 숙련과 미숙련 모두를 포함한다.

---

17 *Ibid.*, pp.400-401.
18 50th Congress, 1st Session, *Congressional Record*, Vol.19, Part 7, 1888, p.6569.
19 *Ibid.*

다섯째, 선장은 보증된 승객의 명부를 제출해야만 한다. 세관의 세관원이 외교관이라는 것을 확인하기 전까지 중국 외교관을 상륙시켜서는 안 된다.

여섯째, 미국을 떠난 중국인 노동자는 그가 법적으로 부인, 자식, 양친이나 $1,000에 해당하는 재산이나 부채가 없으면 입국을 허용할 수 없다.

일곱째, 어떤 경우든 적어도 출항 1달 전에 세관원에게 신청해야만 하고 가족이나 재산을 보증한 명세서를 제출해야 하며 그가 출발한 곳으로부터 6개의 열거된 항구 중 하나로 1년 내에 돌아와야만 한다.

여덟째, 이 법의 시행을 위한 모든 필요한 규정의 제정권을 갖고 있는 재무장관에게 항소하는 것 이외의 세관원의 결정은 확정적인 것이다. 여기서 불법 체류의 중국인들은 그들 국가로 추방된다.

이 법안은 사실상 새로운 조약의 규정과 15조항을 제외하고는 이전의 금지법의 주요조항을 구체적으로 강화한 것에 지나지 않는다. 그것은 1882년 5월 6일에 제정되고 1884년 7월 5일 수정된 이전의 금지법이 여기서 폐지된다는 것을 규정한 것이다.

상원의 토론에서 오레곤의 미첼 상원의원은 기꺼이 법안에 투표를 하였으나 이 법안의 실시는 의원들의 기대에 부응하기에는 불충분하기 때문에 비난의 대상이 되었으며 알라바마의 모건 상원의원은 조약의 몇몇 규정이 너무 가혹하다고 말하고 자존심을 가진 세계의 어떤 정부가 그것을 비준할 것인지 의심스럽다고 하였다.[20] 한편 민주당은

---

20 *Ibid.*, pp.6540-6573.

중국인을 미국으로 받아들이는데 대한 책임이 공화당에 있다고 비난하였고 공화당은 중국 이민을 제한 금지하려는 어떤 훌륭하고 효과적인 조처를 만들지 못하는 민주당을 비난하였으나 이 법안은 8월 8일 상원을 통과하였다.

하원에서 켄터키의 맥그리리(McCreary)와 미시시피의 후커(Hooker) 의원은 "상원은 수정 없이 조약을 비준하리라 생각되지만 그 수정은 불필요하다"고 하였다. 또 일리노이의 히트(Hitt) 의원은 "이 수정안을 검토한 후 이 조약의 큰 결점을 보완한다면 중국의 동의를 얻는 데는 문제가 없을 것이다"[21]고 하였다.

이 법안은 1888년 8월 20일 하원을 통과하여 그 후, 대통령이 9월 13일 승인 서명하였다.

그 동안 중국이 조약을 거부하였다는 소문이 있었으나 9월 1일까지 이 문제에 대해 어떤 정보도 미국무성은 갖고 있지 않다고 말하고 중국에 의해 조약이 거부되었다면 우리는 주중 미국 대사로부터 전보를 받을 수 있을 것이라고 하였다.[22] 9월 2일 아침 중국이 조약을 거부하였다는 런던으로부터의 전보가 신문에 보도되면서 그 다음날 펜실베니아의 스코트(Scott) 의원은 다음과 같은 법안을 하원에 제출하였다.

제1조, 이 법이 통과된 후, 미국 내에 지금까지 거주하여 왔거나 현재 또는 금후 거주하는 중국인 노동자와 미국을 떠났거나 떠날 중국인 노동자, 그리고 미국에 체류할 목적으로 다시 돌아오려고 하지만 법이

---

21 *Ibid.*, p.7747.
22 *Ibid.*, part 8, p.8216.

통과되기 전 돌아올 수 없는 중국인 노동자는 위법이 된다.

제2조, 이 법은 1882년 5월 6일 법의 4조와 5조에서 규정하지 않은 신분증명서는 금후 발행하지 않는다. 그것의 이행에 앞서 지금까지 발행된 모든 증명서는 무효임을 선언한다. 이에 그것은 효력을 상실한다. 그 증명서를 소지하고 입국을 신청한 중국인 노동자들에게 더 이상 미국에 들어오는 것을 허용하지 않는다.

제3조, 모든 관세를 규정하고 채무와 벌금을 부과한다. 이 법은 1882년 5월 6일 법의 2, 10, 11, 12조에 의해 주어진 권한을 확대한 것으로 금후 이 법의 규정을 적용한다.

제4조, 이에 의해 모순되는 것과 1882년 5월 6일 법의 모든 부분이나 일부분은 이 법에 의해 폐지된다.[23]

잭슨(Jackson) 의원은 일반법이 바로 통과되었기 때문에 이 법의 입법 목적이 무엇인지에 대하여 문의하지 스코트 의원은 "그것은 어떤 조건으로든 미국으로 오는 중국 노동자들을 금지하는데 목적이 있다"고 말하고 "최근에 교섭된 조약을 중국 정부가 거부하였기 때문에 이 법안은 절대 필요하고 중국 노동자들을 미국으로 들어오지 못하게 하는 유일한 방법이 된다"[24]고 하여 중국인 노동자들의 입국을 절대 금지해야 한다는 필요성을 역설하였다.

이 법안이 하원을 통과하여 상원에서 채택되었을 때 상원의원들은 가혹한 금지조치들은 중국 노동자들의 이주금지에 필요하다는 견해

---

23 *Ibid.*, p.8226.
24 *Ibid.*

에 의견이 일치하는 것 같아 보였으나 몇몇 의원들은 이 법이 정당한 것인지 아닌지에 관하여 문제를 제기했다.

콜로라도의 텔러 상원의원은 조약에 관계없이 이 법을 제정하는데 찬성하였으나 오하이오의 셔먼 상원의원은 이 법안을 제정한 하원은 상원이 가지지 못한 중국의 조약거부에 관한 정보를 가졌다는 것을 주장하면서 그 정보가 잘못 되었다는 것이 밝혀진다면 그 책임은 상원이 아닌 하원에 있다는 것을 말하였다. 그러므로 그는 소문에 의한 혼란을 막기 위해 더 정확한 정보를 확인한 후 심사숙고 할 것을 제안하였다.[25]

9월 6일 북경에 있는 미국 대사로부터 베이어드 국무장관에게 조약이 거부되었다는 두 통의 전보가 전달되었다.[26] 이것은 상원에 보고되었으며 그 결과로 이 법안은 그 날 37 : 3, 불출석 36의 표로 상원을 통과하였다.[27]

법안통과에 관한 표결을 재심의 하려는 행동은 거부되고 상원의장에게 하원으로 법안을 이송시키는 것을 보류하도록 하는 외교관계위원회의 명령도 효력을 발휘하지 못한 채 회송되었다.

한편 9월 17일 중국 외무부는 덴비 미국 공사와 회견에 5명의 각료를 보내어 그에게 의회가 미국에서 모든 중국인을 절대 금지하는 법안

---

25 *Ibid.*, pp.8216-8217, 8329.

26 하나는 "조약이 거부되었다는 것을 믿는다. 며칠 후 더 명확한 정보를 외무부에 요구하십시오. 그러나 정보는 받지 못했다"는 것과 "조약은 더 많은 토론을 위해 연기되었다"는 것이다.
   50th Congress, 2nd Session, *House Executive Document No.1*, Vol.1, Part 1, p.350.

27 50th Congress, 1st Session, *Congressional Record*, Vol.19, Part 8, p.8369.

을 통과시켰는지를 묻고 중국이 조약의 비준을 거부하는 것이 아니라 유일하게 그 문제를 숙고하고 있다는 것을 확신시키려고 하였다.[28] 19 일 국무성으로부터 전보를 받은 덴비 공사는 중국이 즉시 조약을 비준할 것을 요구함과 동시에 미국 의회에서 이 법안이 통과되었다는 것을 전달하고 중국 정부가 48시간 내에 비준하였다는 것을 통고하지 않는다면 거부한 것으로 간주할 것이라고 말하였다.[29]

다음날 중국 외무부는 덴비 공사에게 조약은 대체로 계약당사자의 목적과 의도가 같다하더라도 중국 국민들은 이 조약에 대하여 아주 불쾌하게 생각하고 있다고 말하면서 다음 3가지 점에 대한 토론을 원한다고 하였다.

첫째는 두 정부가 조약의 일반적인 목적은 동의했지만 그것은 중국 국민에게 불만을 야기 시켰다. 중국 노동자들의 미국 입국중지기간을 줄이는 문제와 관련히여 20년의 기간은 너무 길다는 것이다.

둘째는 조약의 제2항은 만족스러우나 새로운 조약이 서명되기 전, 미국을 떠나 중국으로 온 중국인 노동자, 미국에 재산을 가진 중국인 노동자에게 수여된 증명서에 의해 그가 미국으로 돌아갈 수 있도록 중국 영사에게 사실을 보고한 모든 중국인 노동자들에게는 미국으로의 귀국이 허용되어야만 한다는 것이다.

셋째는 미국에서 $1000이 안 되는 재산을 소유한 중국인 노동자들에게도 귀환의 규정을 완화해야 한다는 것이다. 즉 재산의 요구조건

---

28 50th Congress, 2nd Session, *House Executive Document No.1*, Part 1, pp.351-352.

29 *Ibid.*, pp.352-353, 403.

금액이 너무 많다는 것이다.[30]

그러나 중지기간이 길고 미국으로 귀국하는 조건의 완화를 주장하는 중국 측의 견해에 대해 덴비 공사는 단순히 조약을 부결하기 위한 것으로 또 조약의 어떤 변경에 대한 토의를 거부하는 것으로 생각하였다.

9월 25일 중국 대사는 조약의 변경을 위하여 동일한 제안을 와싱턴에 있는 중국 대리공사를 통해 국무성에 보냈다.[31] 그 사이 법안은 9월 21일 대통령에게 보내져 10월 1일 서명되어 메시지와 함께 의회에 되돌아왔다. 이 메시지에서 클리브랜드(Cleveland) 대통령은 전술한 조약과 법이 효력이 없고, 또 쓸모없는 조항들은 태평양 연안 국민들로부터 불만을 낳게 될 것이라고 주장하였다. 따라서 개정의 필요성이 중국 정부에 의해 충분히 인식되었고 그들 스스로 중국 노동자들의 이주 금지를 제안하게 되었다. 미국 정부는 중국 정부의 요청으로 교섭에 나서게 되었으며 조약의 1조에서 30년을 20년으로 줄었고 2조는 전적으로 중국인에 기인한다고 하였다.

그러나 중국 정부가 조약의 비준을 거부한다는 것은 중국 정부가 교섭의 상대로 그들이 의존해야 하는 미국과의 협력을 거부하는 것이다. 이런 거부는 미국 정부의 입법권의 시행에 따른 자기방어조치에서 초래된 것이라고 말하고 법이 통과되기 전 중국 노동자들이 이미 미국으로 돌아갈 수 있는 몇몇 조항이 제정되어야 한다는 점과 법적인 책임을 인식함이 없이 인류애의 정신으로 조약에 명시된 바와 같이 미

---

30 *Ibid.*, p.355.
31 *Ibid.*, p.403.

국에서 폭력으로 인해 손실과 손상을 입은 중국인들에게 배상을 해 주어야 한다는 점을 권고하였다.[32]

결국 "1882년 조약의 첫 조항이 중국인 노동자들이 오는 것을 금지하는 것처럼 보이지만 지금 미국에 체류하지 않은 중국인들이 돌아올 수 있는 자격의 증명서를 소지하고 있다. 따라서 이런 증명서를 가진 많은 중국인들이 쇄도하여 들어올 수 있고, 제2조항은 증명서의 소지로 돌아올 수 있는 그리고 가족관계와 재산이 있는 중국 노동자들의 면제를 구체적으로 기술하고 있으나 법원에 의해 인정된 원칙하에 그들이 증명서를 가지고 있지 않다 하더라도 통상적인 방법이나 입국을 위한 구두증명으로도 허용될 수 있다"[33]고 한 상원수정안을 일리노이 주의 피트(Pitt) 의원이 지지하고 있으나 1888년 법은 분명하게 특별히 무제한의 금지기간과 그 당시 미국으로 들어오는 중국 노동자들에게 적용되는 규정에서 조약의 규정을 어긴 것이라 할 수 있다. 더 나아가 중국에 의한 조약거부나 더 많은 심의 후에 조약의 규정을 포함한 법안을 선언하는 것이 미국의 엄연한 권한이라 하더라도 각 조항들은 조약조건들의 직접적인 위반이라고 결론을 내릴 수 있다.

실제 중국이 조약을 거부하였다는 소식이 와싱턴에 전달되었을 때, 일련의 조치들은 조약을 능가하는 상황이었다. 이것은 이 조약과 관련하여 의회의 조치를 이해하기 위해 균형이 거의 호각지세 속에 있던 대통령선거 기간 동안 일어난 사건에서 볼 수가 있다. 의회는 여름 내내 회기 중에 있었고 양당은 선거자료 수집에서 첨예한 경계 상태 하

---

32 *Ibid.*, pp.396-359.
33 50th Congress, 1st Session, *Congressional Record*, Vol.19, Part 9, p.7747.

에 있었다. 중국인 금지법은 3개의 태평양 연안 주에서 뿐만 아니라 전국의 노동자들에게서 지지를 얻으려는 의도였다. 이런 이유 때문에 어떤 다른 것 보다 의회는 이 법을 통과시키기 위해 중국과의 새로운 조약비준을 기대하였다. 무엇보다 법률이 너무 성급하고 가혹하게 제정된 것이 문제였다.

그 배경과 동기에 관하여 캔서스의 플럼(Plumb) 상원의원은 1888년 9월 6일 뉴욕 월드(New York World)를 인용하였는데 "어제 하원에 중국인과 관련되어 제출된 법안은 사설 고문단(Kitchen Cabinet)의 작품이다. 스코트 의원은 행정문서로 작성된 그 법안을 백악관으로부터 가져왔다. 너무 성급한 동기는 코미디에서 보여주는 것처럼 속이 빤히 들여다보인다면서 스코트 의원은 그것은 지금 태평양 연안의 인기를 얻기 위해 타협으로 어제 제출된 법안이 내포하고 있는 의미라고 했는데 이것은 토론이나 숙고 없이 하원에서 통과되었다. 공화당은 어제 정족수를 어기고 법안을 통과시켰으나 역시 그들도 태평양 연안 주에서 표를 얻기 위해 민주당처럼 걱정을 하고 있었다"[34]고 하였으며, 콜로라도의 텔러 상원의원이 9월 8일 뉴욕 글로브(The New York Globe)로부터 "민주당과 공화당 모두 중국과 미국 사이에 체결된 조약을 중국 황제가 거부한 것을 이용하여 미국으로 들어오는 중국인을 금지하기 위한 가장 강력한 법을 제안함으로써 중국인 반대표를 얻기 위한 방법으로 이 기회를 이용한 것은 아주 심히 우려된다. 민주당은 그들의 적에게 중국 정부가 조약 비준을 거부했다는 것이 공식적으로 알려지기 전에 스코트 의원은 당장 중국인과 관련된 법안제출을 위해

---

34 50th Congress, 1st Session, *Congressional Record*, Vol.19, Part 9, pp.8332-8333.

하원의 만장일치의 동의를 요구하였다. 하원의 어느 쪽 사람들도 감히 반대를 제기하지 못하였고 만장일치로 법안이 제출되었다"[35]고 인용한 것과 오하이오의 셔먼 상원의원이 "스코트법은 나의 의회의원 기간 동안 통과된 법률 중 가장 악의 있는 법률중의 하나라고 믿는다. 이것은 양원사이에 대통령선거에 직면한 단지 정치적 경쟁이었다"[36]고 피력한 것에서 이 당시의 정치적 상황이 드러난다. 이런 정치적 배경 속에서 결국 이 스코트 법안 통과 전에 귀국한 모든 중국인은 미국에 돌아올 수 없고 영원히 신분증명과 미국으로의 귀국증명서를 발급하지 않았으며, 그 당시까지 발행했던 모든 증명도 무효라는 것을 규정한 가혹한 법이 통과되었던 것이다.

2. 거류증과 증인 규정

1888년 10월 1일 대통령이 스코트법을 승인하면서 그의 메시지에서 제기한 바와 같이 법이 통과된 후 8일 동안 샌프란시스코 항구에 도착한 수많은 중국인들이 귀국증명서를 소지하고 미국에 입국을 요구하였다. 미국으로 들어오는 중국인의 귀환에만 적용되었고, 미국을 경유하는 중국인과 관련된 규정이 없는 스코트법은 쿠바에서 미국을

---

35 *Ibid.*, p.8500.
36 M.R. Coolidge, *op. cit.*, p.183.

경유하여 중국으로 돌아가려는 중국인들에게 큰 어려움을 주었다.

이런 어려움에 대한 중국 대사의 문의에 국무장관이나 법무장관도 이런 통행의 허용실시에 따른 문제점을 인지하지 못하였으며, 더욱이 재무부는 스코트법 이전의 통행법은 방해받고 있지 않다고 주장하였다.[37] 그러나 재무부는 1889년 9월 28일 통행특권을 구실삼아 법을 위반하거나 법을 피해가는 것을 막기 위한 조치로서 설명서를 작성하였고 중국인 노동자 일인당 적어도 $200 정도의 보증금을 내도록하는 규정을 제정하였다.[38] 이런 부당한 규정에 대한 중국 대사의 각서제출이 있은 후 1890년 4월 15일 상원은 미국을 통과하는 중국인을 조사하는 결의안을 채택하였다. 이 결의안에 대하여 재무부는 "이런 규정 하에서 미국에 온 중국인은 미국을 떠날 수 있다. 많아야 100명 정도의 중국인이 전술한 규정에 의거 정해진 특권을 그들 자신이 이용한다. 그들 모두는 서인도제도에서 미국의 뉴우올리안스로 들어와 중국을 향해 샌프란시스코를 떠났다"[39]고 하여 중국인 통행에 큰 문제가 없음을 주장하였다.

한편 그 이전인 2월 27일 11차 인구조사특별위원회(Select Committee on Eleventh Census)는 캐나다와 멕시코의 인접한 지역으로부터 중국 노동자들이 몰래 입국한다는 주장에 대한 그 중요성을 인식하여 미국에 있는 중국인 수를 조사하고 그들이 미국에 있는 권리의 증거가 되는 증명서를 중국인 각자에게 발행하여 조사가 완료된 후 그런 증명서

---

37 51st Congress, 1st Session, *Senate Executive Document No. 41*, 1889-1890, Vol. 5, pp. 2-17.
38 *Ibid.*, p. 29.
39 51st Congress, 1st Session, *Senate Executive Document No. 106*, p. 1.

가 없는 중국인은 추방한다는 것을 규정한 법안을 제출하였다.[40] 거류
증명서 소지를 규정한 이 법안은 3월 17일 하원을 통과하여 상원에 상
정되었다.

그러나 3월 28일 중국인 도착자와 출국자의 수를 파악하고, 법망을
피하는 사례에 관한 조사서를 요구하는 다른 결의안이 상원에서 채택
되었다. 상원 결의안에 대한 재무부의 회답은 "중국인은 세관의 노력
에도 불구하고 꾸준히 들어왔다. 우리는 지금 불법으로 미국에 있거
나 들어온 26명의 중국인을 연방법원에 감금시켰다. 이 달 동안 스코
트법을 위반한 30건을 고소하여 연방법원에 보냈으나 중국인 거주자
와 입국자 수에서 볼 때, 이 법의 시행 효력이 없다"[41]고 재무부는 밝
히고 있다.

여기서 1888년 10월 1일 스코트법의 통과 이후, 미국에 온 적이 없
는 중국인이 오는 것에 대한 규정이 없기 때문에 출국자도 많았지만
법을 피하여 많은 도착자가 있었다는 것을 알 수 있다.

8월 5일 외교관계위원회의 모로우(Morrow) 의원은 중국인을 금지
하는 조치의 필요성과 목적을 설명한 대체안을 제출하게 되었다. 그
것에서 그는 1888년 법은 미국에 거주하고 있으며 그리고 법이 통과
되기 이전 돌아오지 못한 중국인 노동자들의 귀환을 반대하는 것만 규
정하였지 미국에 온 적이 없는 중국인 노동자들이 오는 것을 반대하는
규정이 없는 사실을 지적하였다. 이 금지는 1882년 5월 6일의 원안에
포함되어 있다. 그것이 1884년 7월 5일의 수정법에 의거 확대 실시하

---

40 51st Congress, 1st Session, *House Report No. 486*, Vol. 2, Part 1.

41 51st Congress, 1st Session, *Senate Executive Document No. 97*, Vol. 9, Part 7,
    pp. 2-4.

지 않았다면 1892년 8월 5일을 한계로 끝났을 것이다. 그것의 종료와 현행정책을 수행하기 위한 적당한 법률 사이의 공백은 입국하는 많은 중국인에게 이용될 것이다. 그리고 이전의 10년 동안 전체적으로 일이 사실상 잘 되지 못하였다. 좌우간 이 시기의 미국은 중국 이민에 관한 더 영구적인 어떤 조치의 정책 결정을 취해야 했다. 이 법안은 중국인 금지를 영구히 그리고 아주 효과적으로 할 수 있다는 내용을 덧붙였다.[42]

52차 의회는 강력한 민주당 뿐만 아니라 중국 이민의 통제나 금지를 위해 새로운 법을 제안하고자 했던 캘리포니아 대표들이 거의 모두가 바뀌었기 때문에 이전의 의회와는 사뭇 달랐다. 덧붙여 첫 회기는 대통령선거에 앞서 있었는데 1892년 5월 6일 후 금지법의 결과로 나타난 몇 가지 문제점을 다루었다. 따라서 중국 이민의 통제 및 금지법의 수정에 관하여 12개 이상의 법안이 제출되었고 의회의 이민과 귀화위원회는 추가적인 법을 제정하기 위한 근거로서 중국인의 사기와 밀수에 관심을 표명하면서 즉각적인 조치가 강구되어야 한다는 입장을 강조하는 보고서를 제출하였다.[43]

특히 여러 법안 중 하원법안 No.6185는 외교관계위원회의 기어리(Geary) 의원에 의해 보고되었는데 법안은 다음과 같다.

제1조, 이 법이 통과된 후 이 법은 중국인이 미국에 오려고 하든 하지 않든 간에 외교대표와 통상대표를 제외한 입국은 불법이다. 다만

---

42 51st Congress, 1st Session, *House Report No. 2915*, Vol.9, pp.1-7.
43 52nd Congress, 1st Session, *House Report No. 255*, Part 2.

경유하기 위해 미국으로 중국인이 입국하는 것은 절대 금지하지 않는다.

제2조, 면제 계층을 제외하고 중국인을 고의로 미국 내로 데려오거나 상륙시키거나 상륙을 시도하게 하거나 상륙을 허용하는 선박의 선주는 $500의 벌금이나 1년간의 투옥의 형을 받는다.

제3조, 금지규정에서 제외된 이 법의 제1조에 언급된 중국인은 그들의 공식적인 신임장의 제출로 입국을 허가 받는다.

제4조, 이에 의해 세관원은 그런 문제에 관한 사람들을 선서, 증언, 구술, 조서를 시키거나 중국인의 신분증명에 관하여 처리할 권한이 있다. 위증의 죄를 저지른 자는 적어도 $1,000의 벌금이나 1년 정도 고된 노동을 하는 투옥의 처벌을 받는다.

제5조, 고의로 이 법의 규정을 위반하는 선주의 선박은 미국에서 몰수할 수 있다.

제6조, 중국인을 데려오거나 오게끔 한 자, 또는 도왔거나 중국인의 상륙을 부추기는 자는 $1,000 이내의 벌금이나 1년 이내의 투옥을 받는다.

제7조, 국경선을 넘어 미국에 들어오는 중국인은 당사자가 한 맹세 하에 발급된 영장으로 구속할 수 있다. 미국 내에 불법적으로 있다는 것이 유죄로 판결이 났을 때는 5년 이내의 기간 동안 교도소에 투옥되고 그 기간이 종료되었을 때에 미국에서 추방된다.

제8조, 이 법의 조항들은 중국 국민이든 어떤 다른 외국의 국민이든 간에 모든 중국계의 국민과 모든 중국인에게 적용된다.

제9조, 달리 규정되지 않은 이 법의 위반에 대한 처벌은 $1,000 정도의 벌금이나 1년 이내의 투옥의 벌을 받는다.

제10조, 금후 주 법원이나 연방법원은 중국인에게 시민권을 인정하지 못한다.

제11조, 입국하려는 중국인이 승선한 선박이 항구에 도착하면 항구의 세관원은 중국인인지 중국인이 아닌지를 사정하여야 하고 그의 결정의 재검토는 재무장관에 의해서만 이루어진다. 반대로 인신 보호문서가 상륙하려는 중국인의 권리를 부여하려고 발부되었을 때 세관원의 관리 하에 있거나 보석이 허용되지 않는 자에 대하여는 그런 청원을 들은 후 세관원의 판단에 의해 결정된다.

제12조, 미국에 체류 중인 모든 중국인은 거류증명서 발급을 국세청장에게 신청하여야 하고 규정을 준수하지 않거나 법이 통과된 후 1년 내에 그와 같은 거주증명서가 없다는 것이 밝혀진 중국인이 미국 내에 있는 것은 불법으로 판결될 것이고 불법적으로 오는 경우와 같이 동일한 벌금과 처벌을 받는다.

제13조, 이 법이 통과 된 즉시 재무장관은 그런 규칙과 규정을 제정하고 필요한 증명서의 형태를 정한다. 증명서에는 신청자의 사진이 있어야 한다. 그런 증명서를 신청하려면 신청자는 국세청장에 $3을 지불해야 한다.

제14조, 지금 실시 중인 모든 조약들의 규정이 이 법의 전부 또는 일부분과 모순되는 경우 폐지되고 또 이 법률의 규정과 상충된다면 이 법률에 의거 폐지된다.[44]

덧붙여 그는 "이 법안은 미국으로 중국인이 오는 것을 막으려는 의

---

44 52nd Congress, 1st Session, *Congressional Record*, Vol.23, Part 3, p.2911.

도이다. 이 문제에 관한 현행법은 5월 4일로 기한이 만료될 것이다. 10년 전 중국인 문제를 해결하려고 그 법을 통과시켰을 때 조만간 우리와 함께 하는 중국인 수가 축소되길 기대하면서 모두가 확신을 갖고 그 법을 의회에 제출하였다. 그러나 이 법이 실시된 후 우리는 지난 10년 동안 대다수가 국경선을 넘어 들어오는 동안에도 샌프란시스코 항구를 통해 들어온 중국인은 60,000명 이상 이었으므로 이 법안은 통과되어야 한다"[45]는 입법제정의 취지를 밝히고 있다.

하원의 두 의원, 즉 일리노이 출신의 히트 의원과 미시시피 출신의 후커 의원은 중국인 입국금지 입법에 대하여 반대의사를 표명했는데 히트 의원은 그것은 국가의 굳은 약속의 위반이고 이런 단교 조치는 많은 손실을 수반할 것이며, 모든 이방인에 대한 잔혹한 입국금지와 극단적 처벌은 인간역사에서 어두운 시대의 단면을 소생시키는 것이라고 반대하였다.[46] 후커 의원은 법안의 1조, 2조, 11조, 14조의 가혹한 규정에 반대하고 의회가 중국과 맺은 모든 조약을 폐기해야 할 이유가 없다고 주장하면서 그것은 배신행위로서 우리는 약속이 크든 작든 모든 국가와의 약속을 이행해야만 한다고 하였다.[47] 이 반대견해에 대하여 기어리 의원은 "중국 대사가 미국법을 위반하면서 입국하였다가 체포된 중국인을 법원에 찾아가 면회와 더불어 중국인의 권리를 변호했기 때문에 중국 정부는 조약의 정신을 위반하였다. 조약은 사실 의회에서 4년 전 폐지를 의결하였고, 또 그 법은 최고법원에 의해 폐

---

45 *Ibid.*, p.2912.
46 *Ibid.*, p.2913.
47 *Ibid.*, pp.2912-2913.

지가 재확인되었다는 것"[48]으로 비난을 반박하였다.

캘리포니아의 커팅(Cutting) 의원은 현행 금지법이 5월 6일로 만료되기 때문에 몇 가지 즉각적인 조치가 없다면 이 비동화하고 바람직하지 못한 인종의 유입은 이전보다 더 대규모로 유입될 것이므로 법안의 통과를 촉구하였다.[49] 따라서 이 법안은 1892년 4월 4일 178 : 43 기권 108표로 하원에서 통과되었다. 한편 상원은 1892년 4월 21일 돌프 상원의원에 의해 하원법안이 채택되자 제정된 모든 조항을 삭제하고 실질적으로 다음 조항을 삽입한 수정안을 상원 외교관계위원회에서 보고하였다.

제1조, 지금 중국인이 오는 것을 금지하고 그들을 통제하기 위해 실시되는 모든 법은 이 수정안법이 통과한 후 10년 동안 계속 실시된다.

제2조, 미국 내의 불법체류로 인하여 유죄로 선언된 중국인이나 중국계 후손(Chinese descent)들은 미국에서 중국으로 추방된다.[50]

제3조, 이 법의 규정들에 의해 체포된 중국인이나 중국계 사람들은 그들이 미국에 있는 그의 법적인 권리 등 재판부를 납득시킬 수 있는 결정적인 증거를 입증하지 못한다면 미국 내에 있는 것이 불법이라고 선언한다.

제4조, 이전에 미국 내에 불법 체류로 유죄로 선언된 중국인이나 중국계 사람은 위법을 저지른 것과 같이 유죄가 선언되고 6개월 이내의 기간 동안 투옥되어 고된 노동을 한 후 미국에서 추방된다.

---

48 *Ibid.*, pp.2914-2915.
49 *Ibid.*, p.2915.
50 *Ibid.*, Part 4, pp.3475-3476.

한편 몇몇 상원의원들은 하원법안에 관하여 그들의 견해를 나타냈는데 오하이오의 셔먼 상원의원은 하원법안이 연방법을 아주 이상하게 해석하여 엄격한 제한이 포함되어 있다고 말함으로서 전체 위원회의 일반적인 견해에 의문을 제기하였다. 또 하원법안의 가혹한 규정을 고려하면 연방의 상원이 지방감정이 비등한 아래에서 하원법안을 통과시킨다는 것은 문제가 있으나 우리 동료에게 동조해야 하는 감정적인 측면과 기독교적인 측면에서 다소 악폐가 완화되기를 바라는 심정에서 지지하였다.[51]

미네소타의 데이비스(Davis) 상원의원은 "하원법안은 지독하고, 과격하고, 뻔뻔스럽고 중국과의 모든 조약의무에 대한 완전한 거부이며, 이런 조약 하에서 수여된 권리를 지키기 위한 의무의 거부"[52]라고 비판하였다. 오레곤의 돌프 상원의원은 어떻게 하원법안이 수정되었으며 왜 상원법안으로 대체되었는지를 말하고 "몇 가지 법의 실질적인 부분들은 의회의 양분과에서 동의를 받아야 하고 현행법을 계속 시행하려면 위에서 언급한 만기일이 되는 5월 6일 이전에 대통령이 승인하여야 한다"[53]고 하였다. 펠튼(Felton) 상원의원은 중국인을 금지하는 가장 가능한 법이 되기를 바라는 돌프 의원의 견해에 동조하지 않고 "현행법에 대한 반대는 그것은 실질적으로 현행법의 재제정을 요구하는 것이고 법의 목적과 합치되지 못하기 때문"[54]이라고 하였다. 콜로라도의 텔러 의원은 "미국의 권리를 지키기 위해 그 규정의 실시

---

51 *Ibid.*, p.3481.
52 *Ibid.*, p.3531.
53 *Ibid.*, pp.3476-3478.
54 *Ibid.*, p.3480.

가 국가의 이익과 상반될 때 조약이 폐지되어야 하지만, 하원법안은 너무 가혹하기에 나 자신은 가혹하고 바람직하지 않은 그 법이 통과될 수 있다고 생각하지 않는다"[55]고 하여 대부분의 의원들이 법의 가혹함을 지적하고 있다.

상원 대체안에 대해서 히스콕(Hiscock) 상원의원은 중국 노동자가 여기에 있을 권리가 없다는 규정 때문에 그의 권리를 입증하는 입증책임이 그에게 있다는 대체안에 대하여 비난하였다. 또 앨라바마의 모건 상원의원은 "노동자들이 상호 경쟁자가 됨으로 그런 다수가 오지 못한다고 주장하고 나의 관찰에 의하면 태평양 연안에서 다른 직업에 분포된 다수의 중국인이 감히 해로운 요소가 된다고 할 수 없다"[56]고 하였다. 몬태나의 샌더스(Sanders) 의원은 "중국 이민과 관련된 법은 그것이 미국종교나 문명에 필수적이라는 전제로부터 진전을 보지 못하였다"고 주장하고 "현행법은 중국 측에서 법을 피하고 있고 사법부의 관리들이 법을 느슨하게 시행하고 있기 때문에 미국을 보호하는데 소용이 없다"[57]고 하여 법의 효용성에 의문을 제기하였다.

와싱턴의 스콰이어(Squire) 상원의원은 이미 제정된 법 규정을 시행하는데 대한 정부의 비능률성을 지적하고 동시에 법의 효과적 집행에 필요한 비용을 준비하지 못했을 때 하원이 중국인을 비난하고 그들을 몰아내기 위한 목적으로 법을 통과시킨 것은 가장 철저한 종류의 민중선동이라고 하였다. 그는 중국인을 등록하고 그들에게 증명서를 발부

---

55 *Ibid.*, pp.3558-3559.
56 *Ibid.*, pp.3560-3564.
57 *Ibid.*, p.3640.

하기 위해 몇몇 규정을 법안에 첨가하여야 한다고 하였다.[58]

오레곤의 미첼 상원의원은 이 대체안이 태평양 주 대다수 국민들의 기대에 부응하기보다 오히려 그것이 없는 것보다 있는 것이 더 낫기 때문에 지지한다고 말하고 외교관계위원회 위원들의 연설에 대하여 불합리하고 비논리적이라고 비난하였다. 그는 "위원회가 그들의 의견을 금지하는 모든 법과 조약을 폐지하고 1858년과 1868년 원조약들의 모든 규정을 재제정하려고 대체법안을 위원회에 다시 회부하는 것이라고 하였다. 그는 또한 의회는 조약의 각각 또는 모든 규정에 관하여 중국과의 약속 및 미국의 이익을 지키기 위하여 이런 조약들의 규정을 폐지하는 조치 중의 하나를 기꺼이 취해야 할 것이다. 그래야만 우리의 법을 효과적으로 제정하기 위해 필요한 조치를 취하게 될 것"[59]이라고 하였다.

외교관계위원회에 의해 보고된 수정안은 43 : 14 기권 31표로 통과되었다. 수정안이 법안의 원안이 된 후 코네티컷의 플래트 상원의원은 금지법의 재 제정을 스코트법까지 확대시키지 않기 위해 제1조에 'descent' 란 단어 뒤에 "1888년 10월 1일 승인된 법만 제외하고"라는 구절을 삽입하도록 제안하였으나 거부되었다.

그 후 두 개의 수정안, 즉 "하나는 4조에 'once' 를 삭제하고 첫 번 위반한 경우 6개월 동안 투옥하고 두 번째 위반의 경우 1년 동안 투옥시킨다. 다른 하나는 1조에 중국인에 대한 거류증명의 신청과 발부에 대한 규정을 삽입시킨다"[60]는 것이었으나 모두 거부되었다.

---

58 *Ibid.*, p.3640.
59 *Ibid.*, pp.3611-3612.
60 *Ibid.*, pp.3627-3628.

결국 1892년 4월 25일 "미국의 중국인 입국금지 법안(A Bill to prohibit the coming of Chinese persons into the United States)" 이라는 수정된 법안이 상원을 통과하고 동의를 얻기 위해 하원에 협의를 요청하게 되었다. 상원의 회의 참가자로 돌프, 셔먼, 모건 의원이 임명되었고 하원에서는 기어리, 칩맨(Chipman), 히트 의원이 임명되었다.

5월 2일 돌프 상원의원은 회의의 보고서를 상원에 제출하였고 상원에서 다음과 같은 조항이 수정되고 여기에 5개의 조항이 덧붙여지면서 동의되었다.

제3조에 'Act' 뒤에 '또는 이것에 의해 확대된 법(or the Acts here by extended)' 이란 말을 삭제한다.

제4조에 'descent' 뒤에 'once' 란 말을 삭제한다. 'United States' 뒤의 'shall' 은 삭제한다. 'six months' 를 'one year' 로 대체한다.

제5조, 상륙을 시도하는 중국인에 대한 구속영장의 적용은 이 법이 통과된 후 그들에게 보석을 허용하지 않는다.

제6조, 이 법이 통과된 후 1년 내에 거류증명서를 신청하는 것이 미국에 있는 모든 중국 노동자들의 의무이다. 이 기간 후 그런 증명서가 없는 것이 밝혀진 중국인 노동자는 미국 내에서 위법을 저지른 것으로 판결될 것이고 그가 재판부를 납득시키기 위해 입증하지 않는다면 체포되어 미국에서 추방될 것이다. 사고나 병을 이유로 그가 자신의 증명서를 발급받지 못했다면 법원의 재판과정에서 그들을 납득시키기 위해 그가 이 법이 통과된 시기에 미국에 거류했다는 것을 적어도 한 명의 신뢰할만한 백인 증인에 의해 입증되어야만 한다.

그런 거류증명서를 요구하는 중국인 노동자를 제외한 중국인은 부담 없이 거류증명서를 신청하여 발급 받을 수 있다.

제7조, 재무장관은 이 법의 효과적인 실시를 위해 필요한 경우 그런 규칙과 규정을 만들 수 있다. 이 법에 규정된 증명서 발행을 위해 필요한 형태를 정하고 기입용지를 준비한다.

제8조, 증명서의 이름을 고의 또는 허위로 고치거나 그런 증명서를 위조하거나 그런 증명서에 기입된 동일한 사람이라고 사칭하는 자는 $1,000 이하의 벌금을 과하거나 5년 이하의 기간 동안 투옥을 당한다.

제9조, 재무장관은 세무관의 봉급에 덧붙여 그들에게 각 증명서 당 $1를 초과하지 않는 액수의 보수를 해당 수수료에서 지불할 권한이 있다.[61]

서먼 상원의원은 회의위원 중의 한 사람이었으나 보고서에 서명하지는 않았다. 그는 그 이유를 "하나는 미국 내에서 법적으로 모든 중국인에게 거류증명서를 요구하고 있으나 중국인들은 대부분 비천한 직업에 종사하고 있기 때문에 그들은 증명서를 제시하거나 증명서의 분실을 증명하기 어렵기 때문에 그들은 추방되기 쉽다. 다른 하나는 우리는 우리의 법에서 그들에게 차별 대우를 하지 않을 뿐 아니라 최혜국 국가의 국민으로 중국인 노동자가 있는 것을 허용한다는 것을 1880년 조약의 제3항에서 동의하였다. 따라서 이 법은 백인 증인을 요구하고 여기에 있는 권리에 대한 입증책임을 중국인 자신에게 씌우는 것은 잘못이기 때문이다"[62]라고 하였다.

---

61 *Ibid.*, p.3922.
62 *Ibid.*, pp.3870-3871.

그러나 돌프 상원의원은 "증명서제도는 조약의 위반이 아니다. 미국으로 들어올 자격이 없는 중국인 노동자들의 입국을 금지하는 데 필요하다. 미국에 체류할 권리의 증거로서 이 증명서는 중국인 노동자를 위해 필요한 것이다. 백인 증인의 요구는 중국인을 위한 증인이 되지 못할 증인을 마련하려는 의도"[63]라고 주장하여 셔먼 의원의 견해에 반대하였다.

마침내 회의보고서는 1892년 5월 3일 의견일치를 보고 이 보고서는 기어리 의원에 의해 하원에 보내졌다. 히트와 후커 의원이 이 보고서의 설명을 요구하자, 기어리 의원은 이 법안은 현행법의 계속 시행을 규정하였다고 설명하였다. 모든 단호한 규정은 상원에서 삭제되었으며 이 보고서에 대하여 상원은 동의하였다. 하원은 이 법이 2일 내에 만기가 되기 때문에 이 법률을 통과시켜야 한다고 하였다.[64] 그러나 히트 의원은 "증인은 백인이어야 한다는 제도는 비참한 노예제도 시대를 제외하고 전 인류에게 적용된 경우가 없다"고 주장하여 상원에 의해 수정된 법안에 대한 의회위원회의 연속적인 주요한 수정안에 반대하였다. 후커 의원은 "이 법안은 보석 없이 당사자를 투옥할 수 있는 권한을 판사에게 줌으로서 사실상 인신보호는 거부되었기 때문에 반대한다"[65]고 하였다.

기어리 의원은 이 비판에 대하여 "이것은 인신보호의 절차로서 캘리포니아 법원에서 실시되어 왔었다"고 주장하였고, "세법 위반으로

---

63 *Ibid.*, p.3872.
64 *Ibid.*, p.3922.
65 *Ibid.*, pp.3923-3924.

체포되었을 때 입증책임이 그들 자신에게 있듯이 이 법안은 아주 비슷하다"[66]고 하여 그들의 비판을 일축하였다.

결국 이 보고서는 1892년 5월 4일 186 : 27 기권 115표로 동의되어 그 다음날인 5월 5일 대통령의 승인을 받았다.

이 법에 대하여 Tusi 대사는 수차에 걸쳐 강력하게 항의하였으나 소용이 없었고 중국 외무부는 주미중국대사에게 법이 조약규정을 위반하였다는 사실을 미국 정부가 관심을 갖게끔 하도록 지시하였다.[67] 실제로 기어리 법안이 제출된 다음 달인 3월부터 이 법안이 통과되어 대통령의 승인을 받은 5월 5일까지 이 조치에 반대하는 4건의 문서를 Tusi 대사는 국무성으로 보냈던 것이다. 두 국가사이의 우호적인 외교관계를 유지하기 위해 그런 법의 변경을 호소한 것이었으나 무시되고 법안은 통과되었던 것이다.

이 문서에 대한 회신은 1892년 12월 10일 와튼(Wharton) 국무장관으로부터 왔는데 1888년의 조약이 체결되지 못한 상황에서 토론이 필요하다고 생각치 않는다. 중국 정부가 조약체결을 승인하지 않았으므로 그 후 미국의 감정에 불리한 영향을 미치게 되었다고 말하였다. 오히려 중국에서 미국 시민들이 대중폭력으로 희생된 예를 들기는 수월하며 중국인에 대한 권리의 적용은 몽골계와 코카서스계 인종의 타고난 혼합할 수 없는 것에 지배된다고 하였다. 현행조약에 관해서 그것은 중국인 노동자들의 신원증명과 보증을 규정하고 중국인들의 권리를 보호할 목적으로 한 이 법은 그러한 자격이 없는 자들의 위장을 막

---

66 *Ibid.*, p.3924.
67 52nd Congress, 2nd Session, *Senate Executive Document No. 54*, Vol. 2, pp.1-43.

기 위한 것이라고 하면서 마지막으로 중국인과 중국 정부가 취할 태도
는 법의 조치를 방해하기보다는 합리적이고 실제적인 방향으로 의견
일치를 보는 것이 나을 것이라고 권고하였다.[68]

이와 같은 장기간의 연속적인 항의에 대한 비우호적인 반응 하에서
도 Tusi 중국 대사는 계속 국무성에 문서를 보내 항의하였다. 즉, 1893
년 3월 13일 그는 기어리 법의 제6조가 1893년 5월 5일 효력을 발했을
때, 두 정부가 직면하는 어려움과 곤란에 관심을 표명하고 미국 정부
의 도움과 협조를 요청하기 위해 그레샴(Gresham) 국무장관에게 문
서를 보냈다. 이 문서에서 그는 "카터(Carter), 허브레이(J. Hubley), 애
쉬톤(Ashton) 등 저명한 법률가들에 의해 기어리법이 위헌이 선언되
었기 때문에 이 법의 합헌성을 따질 목적으로 최고 법원에 테스트 케
이스(Test Case)를 제출하겠다"[69]고 공표하였다. 또, 그는 샌프란시스
코의 중국 총영사로부터의 문서와 중국 상공회의소로부터 전보를 받
은 즉시 4월 13일과 29일에 법의 효력발효에 따른 중국인에 대한 개인
적인 폭력과 재산의 파괴를 염려하는 문서를 장관에게 보냈다.[70]

그레샴 국무장관은 "법안이 법률로 된 5월 5일 중국 대사에게 미국
은 안녕질서와 평화를 보존하고 미국에 거주하는 모든 중국인의 충분
한 보호를 보장하기 위해 법적인 권리를 그들에게 보증해 주겠다"고
하였다. 그러나 "테스트 케이스가 최고 법원에 제출되기 전에 최고 법
원은 1893년 5월 15일 의회의 입법을 통해 무조건적이든 상황에 의하

68　*Ibid.*, pp.41-43.
69　53rd Congress, 2nd Session, *House Executive Document No.1*, 1893-1894,
　　Vol.1, "Foreign Relations", p.245.
70　*Ibid.*, pp.247-248.

든 외국인을 금지하거나 추방하는 미국의 권리는 모든 주권을 가진 독립국의 타고난 양도할 수 없는 권리이므로 의회는 미국 내의 외국인의 등록과 신분증 제도를 규정하고 그 제도를 시행하기 위한 모든 적당한 방법을 취할 권리가 있다"고 하였다. 또한 "그런 등록과 규정을 따르지 않거나 거부하는 자들의 추방을 규정한 1892년 5월 5일의 법은 합법적이고 타당하다"[71]고 하여 중국 이민의 금지는 물론 그들의 등록과 신분증 제도의 적법성을 공표했다.

이 소식은 태평양 연안 지역 사람들에게 큰 기쁨을 안겨준 반면 중국인들에게는 당황과 경악을 가져다주었다.

한편 6대 중화회관에서도 변호사를 고용하여 이 법의 불합리성과 조약의 위반이라는 점을 항의하기 위해 기금조성 운동을 벌였으며 뉴욕에서는 중국인 연맹(Chinese Civil Rights League)이 결성되어 쿠퍼 유니온(Cooper Union)에서 대중집회를 개최하였다. 특히 6대 중화회관은 미국의 모든 중국인 노동자들에게 4가지 이유를 들어 이 법에 따르지 말 것을 권고하였다. 그 4가지는 다음과 같다.

첫째, 법률은 외국인인 중국인과 미국의 시민인 중국인 사이를 구별하지 않는다. 중국 인종의 시민들은 코카서스계 시민과 똑같은 권리와 특권을 누릴 자격이 있다.

둘째, 의회는 어떤 범죄에 대한 처벌로서 어떤 시민을 추방시킬 권한이 없다.

셋째, 수정헌법 제5조는 사람들은 적절한 법의 절차 없이 생명, 자

---

71 *Ibid.*, p.243.

유, 재산을 빼앗을 수 없다고 규정되어 있다.

넷째, 중미 조약은 미국을 방문하거나 거주하는 중국 국민들은 최혜국 국민으로서 동일한 면책 특권을 향유할 수 있다고 규정되어 있다.[72]

따라서 1892년 기어리법은 중국 노동자의 매년 등록과 거류증의 휴대를 의무화한 것으로 위반 시는 감금을 당한 뒤 추방되었다. 또 위반 시는 보석도 할 수 없었으며 합법적이라는 것을 입증하기 위해 백인의 증인을 규정하였기 때문에 중국인은 불이익과 구속되는 일이 많았다. 그러므로 중국 측은 중국 대사를 통하여 집요하게 계속 항의를 하여 중국인의 안전보장은 물론 기어리법의 폐지를 요청하였다.

3. 등록 기간과 증인의 완화

중국 대사의 계속된 항의 속에서 기어리법이 효력을 발하고 그 합헌성이 선언된 후 Tusi 중국 대사는 국무장관과의 인터뷰에서 "이 법의 시행과 관련하여 장관이 미국에서 중국인이 과거처럼 학대, 구타, 부상, 살인을 당하고 있는지 아닌지, 기어리법이 즉시 시행될 수 있는지 없는 지를 생각해 보았느냐"고 질문을 하였다. 이에 대해 국무장관

---

72 53rd Congress, 1st Session, *Congressional Record*, 1893, Vol.25, Part 2, p.2443.

은 먼저 질문에 "중국이 중국에서 미국인을 보호한다면 미국은 미국에서 중국인을 보호할 수 있을 것"이라고 답변하고, 두 번째 질문에는 "법을 집행할 의무를 가진 대통령은 의회의 법률을 중지시킬 수 없다"고 주장하였다. 그러나 그는 "기어리법의 시행은 부득이 며칠 지연 될 것"[73]이라고 덧붙였다.

따라서 이런 상황을 알아차린 중국 대사는 "8월 의회의 특별회기에 국무장관을 통해 대통령에게 기어리법의 폐지를 의회에서 그의 연설을 통해 제안하고 미국과 중국 간의 조약의 조항들은 유지되고 지지되어야 한다"[74]는 것을 요청하였다. 그러나 국무장관은 "이 의회는 심각한 재정 압박을 다루기 위한 특별회기로 그 문제는 이번 회기 동안 다룰 수 없으나 기어리법은 다음 정기회기에 수정되어야 할 것"[75]이라는 견해를 표명하였다.

이런 견해는 법이 효력을 발했으나 법 집행에 있어 상당한 문제가 있다고 재무부는 보고히 었다. 하나는 "1893년 9월 12일 현재 미국에 106,688명의 중국인이 있으나 1892년 5월 5일 법에 의해 13,243명이 등록하고 나머지 93,445명은 미등록자이다. 이 숫자의 10%가 면책계층에 속한다고 하더라도 여전히 85,000명의 미등록자가 있다"[76]는 보고이다. 다른 하나는 대부분의 중국인을 추방하기 위해 일인 당 $35~50이 필요한데, 재무부는 "이 필요한 거액의 비용을 고려하여 1893년 5월 4일 법이 효력을 발하기 하루 전 국세청과 세관의 모든 세무관에

---

73 53rd Congress, 2nd Session, *House Executive Document No. 1*, Vol. 1, p. 250.

74 *Ibid.*, p. 252.

75 *Ibid.*, pp. 253-254.

76 53rd Congress, 1st Session, *Senate Executive Document No. 13*, pp. 1-2.

게 재무부로부터 그 이상의 지시가 있을 때까지 1892년 5월 5일 법의 제6조항의 규정 하에서 체포를 자제하라"[77]는 명령을 내렸다는 보고이다.

그러나 재무부가 20일 후 5월 4일의 명령을 유보하고 세무관들에게 법 6조항에 의거 합법적으로 입국이 불가능한 중국인 노동자들의 체포와 기소를 위한 필요한 조치를 취하도록 명령을 내렸고,[78] 9월 6일 샌프란시스코의 중국 총영사는 Yang Yu 중국 대사에게 20명 이상이 체포되고 100명의 중국인이 추적당하고 있으며 150건 이상의 영장이 조회될 것이라고 보고하였다.[79] Yang 대사는 9월 27일 국무성에 문서를 보내 미등록으로 캘리포니아 교도소에 투옥된 중국인에 주의를 기울이도록 요청하였다.

한편 중국 대사는 8월 특별회기 때, 국무장관이 말한 기어리법의 수정과 관련하여 다시 한 번 질문을 하자, 그레샴 장관은 "미국 정부의 정책은 변함없이 동일하며 정부는 법의 효과적인 실시를 위해 어떤 조치도 취하지 않았으며 중국인에게 등록을 할 수 있는 다른 기회를 제공하려고 수정법안을 의회에 제출할 것으로 기대된다"[80]고 하여 법의 수정 가능성을 암시하였다.

이와 같은 행정부의 분위기에 덧붙여 태평양 연안을 제외한 전국에서 그 법은 중국인에 대한 모욕이고, 불공평하며, 조약의 위반이라는 분위기가 조성되었다. 52차 의회의 2차 회기동안 다른 주들의 공공,

---

77 53rd Congress, 1st Session, *House Executive Document No. 9*, p.3.

78 *Ibid.*, pp.3-4.

79 53rd Congress, 2nd Session, *House Executive Document No. 1*, Vol.1, p.256.

80 *Ibid.*, pp.257-258.

상업, 종교단체로부터 중국인 금지법의 폐지를 요청하는 23건의 청원서, 진정서, 결의안이 의회에 제출되었으며, 53차 의회의 첫 회기동안 기어리법의 폐지를 위해 54개 이상의 청원서가 제출되었다.

따라서 이와 같은 상황은 10월 켄터키출신 맥그리리 의원이 1892년 5월 5일 승인된 "미국의 중국인 입국금지법"이란 제목이 붙은 법을 수정하기 위한 하원법안 No.3687을 외교관계위원회로부터 보고하였다.[81] 기어리법의 제6조는 이 법안에서 제1조로 수정이 되었다.

제1조, 1892년 법의 통과 이전 미국 체류 자격이 있는 미국 내의 모든 중국인 노동자들은 이 법의 통과 후 6개월 내 거류증명서를 신청해야 할 의무가 있다. 이 법의 규정에 응하는 것을 거부하는 중국인 노동자들이나 6개월 후 상기의 증명서를 소지하지 않는 중국인 노동자들은 미국 내에 불법 체류로 선고될 것이다. 판사에게 타당하게 납득시키지 못할 경우 체포되어 추방될 것이다. 또한 이와 같은 경우에 있어 그가 사고나 병 때문에 자신의 증명서를 발급받지 못했을 경우 판사를 납득시키기 위해 적어도 그는 1892년 5월 5일에 미국에 거류하고 있었다는 것을 중국인을 제외한 신뢰할 수 있는 증인에 의해 입증하여야만 한다. 미국 체류 자격이 있는 중국인 노동자를 제외한 거류증명서를 요구하는 중국인들은 부담 없이 거류증명서를 신청하고 발급 받을 수 있다. 원법의 제 6조 규정을 위반한 소송은 금후로는 제기하지 않을 것이고 지금 심리중인 소위 위반 소송은 이것에 의해 중지된다.

제2조, 노동자란 용어가 이 법이나 이것이 수정된 법 어디에서 쓰이

---

81 53rd Congress, 1st Session, *Congressional Record, Vol. 25*, Part 2, p.2132.

더라도 광산, 어업, 소상인, 행상인, 세탁업에 고용된 중국인이나 가정의 소비나 수출을 위해 조개나 다른 어류를 운송하거나 보호하는데 종사하는 중국인을 포함한 모든 숙련과 미숙련 육체노동자들(Manual Laborers)을 의미하는 것으로 해석할 수 있다.[82]

맥그리리 의원은 법안의 통과를 위한 강력하고 설득력 있는 이유로서, 1892년 5월 5일 법의 제6조에 규정된 거류증명서의 적용을 받지 안는 수많은 중국인이 있다는 것과 체포하여 추방하는데 필요한 많은 경비를 절약할 수 있다는 것을 들었다. 따라서 초트(Choate), 카터, 애쉬톤의 견해에 의한 그릇된 판단으로 등록을 하지 않은 중국인은 증명서를 얻기 위해 6개월의 추가기간 설정은 적당하며, 6개월의 추가등록 기간의 연장으로 미국은 $7,000,000가 절약될 것이고, 이것은 85,000명의 중국인의 추방에 소요되는 액수이다. 결국 중국인은 체포하려는 판사들에게 충분한 시간을 주어 중국인을 공정하게 다룰 수 있다는 주장이었다. 계속하여 법안은 제6조로부터 백인이란 말을 삭제하고 중국인을 제외한 신뢰할 수 있는 증인을 요청함으로서 기어리법의 문제조항을 수정하였다는 것과 제2조에서 노동자란 용어의 정의는 1882년 법의 토대가 되었으며 재무부의 안내장과 명령에서 그렇게 해석하였기 때문이라고 주의를 환기시킨 후 수정의 타당성은 너무나도 명백하다고 하였다.[83]

대통령도 이 법을 개정하려는 노력을 외교관계위원회 앞에서 드러냈으며, 의회는 등록을 위한 기간이 연장되어야 한다고 믿게 되었고

---

82 *Ibid.*, pp.2420-2421.
83 *Ibid.*, pp.2421-2425.

그 시행을 위한 재원이 없었기 때문에 더 이상의 조치를 취하지 못하고 있었다.[84] 그리고 기어리 의원은 "기어리법은 중국인을 확인하는데 가장 효과적인 방법이고 정부의 관리들이 5월 5일에 그들의 의무를 이행한다면 추방이나 기간의 연장을 위한 비용은 필요 없을 것이다"[85]라고 주장하였다. 그러나 뉴욕의 바틀릿(Bartlett) 의원은 "모든 인종은 수정헌법 제14조의 보호 하에 있고 증인의 자격과 관련된 법들은 의회에 규정되어 있기 때문에 신뢰할 수 있는 백인 증인이란 구절의 수정은 불필요하다"[86]고 하여 개정의 불필요를 역설하였다.

오레곤의 허먼(Herman) 의원은 "기간의 연장은 법의 목적으로 볼 때는 단지 하찮은 것이고 그것은 첫째 외국 노예나 우리 노동자와의 접촉과 경쟁으로부터 자유로운 미국 노동자들의 권리와 특권을 위협하고 있으며, 둘째 의회의 법을 시행하는 행정부의 불법 부당한 간섭을 간접적으로 인정하고 독단적으로 승인하고 있으며, 셋째 외국의 무례한 요구를 묵인하는 행위로 미국의 헌법에 따르기를 거부하는 외국 국민의 도전과 모욕을 오히려 정당화시키는 것"으로 간주하였다.

10월 16일 맥그리리 의원의 폐회연설 후 기어리 의원은 다른 수정안을 제안하였다. 그 제안은 대체로 다음과 같다.

첫째, 중국인이 미국 내에 불법으로 있다는 것을 선고받은 후 체포

---

84 53rd Congress, 1st Session, *Senate Executive Document No. 13*, pp.1-3.
　53rd Congress, 1st Session, *House Executive Document No. 9*, pp.1-4.
85 53rd Congress, 1st Session, Appendix, *Congressional Record*, Vol.25, Part 3, pp.231-232.
86 53rd Congress, 1st Session, *Congressional Record*, Vol.25, Part 2, p.2452.

영장의 근거는 판사에 의해 발부될 것이고 중국인은 이 법과 이것이 수정된 법의 모든 규정에 복종해야만 한다.

둘째, 상인이란 용어는 일정한 사업장에서 상품을 매매하는 데 종사하는 자이다. 그것은 그의 이름으로 처신하고 그의 사업을 경영하기 위해 필요한 것을 제외하고 그런 기간에 육체노동자가 일하지 못하는 그런 일에 종사하는 자를 의미한다.

셋째, 미국에 상인을 구실로 입국을 신청한 중국인은 그가 위에서 정의 내린 의미의 상인으로 종사하겠다는 것을 중국인 외의 두 명의 신뢰할 만한 증인에 의해 사실이 입증되어야만 한다.

넷째, 추방명령은 편리하게 급파할 수 있는 지역의 연방 집행관에 의해 시행한다. 명령의 시행 중 중국인은 수감되어 있어야 하고 보석을 허용해서는 안 된다.

다섯째, 여기서 규정된 증명서는 신청자의 사진이 붙어 있어야 하고 부본은 세관에 보관하여야 한다.

이 수정안은 120 : 10의 표로 동의되어 1893년 10월 16일 178 : 1로 하원을 통과하였다.[87]

이 법안이 11월 1일 상원에 상정되었을 때 델라워어의 기어리 상원의원은 "단순히 기간의 연장을 택해야 한다고 하며 상인과 노동자들에 대한 해석과 구성은 법원에 위임해야 한다"고 하였다.

매사추세츠의 호어 의원은 "추방명령 하에서 구금되었을 때 보석이 허용되지 않는다는 규정이 영장에서, 무조건 보석이 허용되지 않는다

---

87 *Ibid.*, p.2566.

는 것을 뜻한다면 이 법안에 반대한다"[88]고 하였다.

일리노이의 팔머(Palmer) 상원의원은 "중국인을 제외한 적어도 신뢰할 만한 증인의 증언요구는 인종차별"이라고 하였으며, 캘리포니아의 퍼킨스 의원은 "캘리포니아는 연장을 요구하지 않고 오히려 행정부에서 연장을 요구하였다"[89]고 비난하였다.

한편 오레곤의 돌프 상원의원은 "기간의 연장에 전혀 반대하지는 않으나 이 법안은 원법의 목적과 상충되지 않는다"고 하였다. 즉 1892년 법의 목적이 중국인의 추방에 있는 것이 아니라 추방의 규정은 단지 법의 위반에 대해서 처벌을 규정하려는 의도였다고 두둔하였다. 캘리포니아의 화이트(White) 상원의원은 "대다수 미국인의 바람은 연장을 찬성하고 있기 때문에 법안의 채택을 옹호한다"[90]고 하여 등록기간과 증인 규정의 완화 쪽으로 분위기가 모아졌다.

1893년 11월 2일 이 법안은 상원에서 통과되고 11월 3일 대통령의 승인을 받게 되었다. 결국 맥그리리 수정법은 등록기간을 6개월 간 연장하였고 증인의 요구조건을 중국인을 제외한 적어도 신뢰할 만한 증인으로 다소 경감시킨 것 외에 그 법의 취지와 목적은 이전의 법과 동일하다.

일리노이의 히트 의원이 말했듯이 "이 법은 선거직전에 제출되지 않은 유일한 법"[91]이란 것에서 보듯이 정치적 영향력을 벗어난 중국이민 문제에 관한 의회의 유일한 법이라고 하겠다.

---

88 *Ibid.*, pp.3041-3042.
89 *Ibid.*, pp.3043-3044.
90 *Ibid.*, p.3090.
91 *Ibid.*, p.2438.

4. 금지규정의 추인

1893년 11월 8일 Yang 중국 대사는 맥그리리 수정법이 통과된 것에 실망하고 6개월 간 기간의 연장은 중국 정부가 고려했던 가장 최악의 상태라고 비난하고 난 후 각서에서 "우리 정부는 이 중요한 문제에 대하여 그 장래관계와 관련하여 원만한 이해관계에 도달해야 한다는 결론에 이르렀다. 이 사실에 비추어볼 때, 심각하게 고려해야 할 문제를 의회에 의존하는 것이 지금 미국 정부의 의도인지 아닌지 또는 국가 사이의 모든 어려움을 영구히 해결하고 그들의 명예, 존엄, 우호관계를 유지 보존시키기 위해 다른 관계당국을 통한 더 이상의 교섭에 응할 것인지 아닌지를 진지하게 문의하였다. 미국 정부가 교섭에 응하면서 신중히 고려한다면, 나는 기꺼이 그런 문제에 관한 회담에 참가할 것"[92]이라는 견해를 피력하였다.

따라서, 이와 같은 견해의 피력이 미국 정부에 받아들여져 1894년 3월 17일 그레샴 국무장관과 Yang 대사가 중국의 전권대사가 되어 조약을 체결하였다. 이 조약 체결의 동기는 조약의 서문에 언급하였듯이 4가지로 요약할 수 있다.

첫째, 이것은 미국으로 중국인 노동자들이 오는 것을 통제, 제한, 중지하려는 목적으로 체결된 1880년 11월 17일 조약에 의거하고 있다.

---

92 52rd Congress, 2nd Session, House Executive Document No.1, 1893-1894, Vol.1, pp.263-264.

둘째, 중국 정부는 중국 노동자들의 출현으로 야기된 미국 측의 반대와 심각한 혼란을 고려하여 이와 같은 이주를 금지시키기를 바란다.

셋째, 양국 정부는 이런 이주를 금지시키는데 서로 협력하고 두 국가사이의 우호적인 유대를 다른 면에서 강화하기를 바란다.

넷째, 양국 정부는 다른 관할 구역 내에서 각 국의 시민이나 국민을 더욱 안전하게 보호하기 위한 상호조치의 채택을 열망하였기 때문이다.[93]

한편, 4월 17일 오레곤의 미첼 의원은 중국과의 조약을 고려하여 상원에 결의안을 제출하였는데, 이 결의안은 5월 7일 장시간의 심사 후 채택되어 그 해 8월 승인되었다. 조약의 비준서는 1894년 12월 7일 와싱턴에서 교환되었으며 그 다음날 대통령은 국민에게 조약을 공포하였다. 그 조약의 내용은 다음과 같다.

제1조, 고위 계약당사자들은 이 조약의 비준서가 교환되는 날부터 10년 동안 아래에 명기한 신분을 제외하고 미국으로 중국인 노동자들이 들어오는 것을 절대로 금지한다.

제2조, 전술한 조항은 미국에 법적인 부인, 자식, 양친이 있거나 미국에서 $1,000에 상당하는 재산이나 채무를 지고 있는 등록된 중국인 노동자들의 귀환에는 적용하지 않는다.

그럼에도 불구하고 모든 중국인 노동자들은 미국을 떠나기 전에 그들이 출발하는 지역의 세관원에게 그들이 돌아온다는 조건으로 그의

---

93 *Ibid.*, p.177.

가족상황이나 전술한 재산이나 채무를 적은 상세한 명세서를 맡겨야 한다. 미국 법률이 지금이나 금후로 규정할 수 있는 조약의 규정들과 모순되지 않는 이 조약 하에서 그들이 돌아올 수 있는 권리증명서가 거짓으로 판명된다면, 거기에 따르는 귀환권리와 귀환 후 거류권리는 어떠한 경우에도 상실된다. 미국으로 귀환할 수 있는 권리는 미국을 떠난 날로부터 1년 이내로 제한한다. 그러나 미국으로 돌아올 권리는 중국인 노동자들이 바로 돌아올 수 없는 질병이나 다른 무능 때문인 경우에는 추가기간을 연장할 수 있으나 그 기간도 1년을 넘지 못한다. 그런 사실은 출항항구에 있는 중국 영사에게 상세히 보고하여야 하고 중국 국민이 미국에 상륙하는 항구의 세관원에게 상세히 증명하여야 한다. 그리고 여기서 요청된 귀국증명서를 세관의 관리에게 제시하지 않고, 육로나 해로를 통해 중국인 노동자들이 입국하는 것을 허용하지 않는다.

제3조, 이 조약의 규정들은 미국으로 오거나 거류하는 관리, 교사, 학생, 상인이나 여행자, 노동자가 아닌 중국 국민이 현재 향유하는 권리에는 영향을 주지 않는다.

전술한 바와 같이, 중국 국민이 미국 입국의 허가자격을 얻기 위해 그들은 중국 정부나 마지막으로 거주했던 정부로부터 그들이 출발했던 국가나 항구에 있는 미국 외교대표나 영사대표에 의해 발급된 사증 증명서를 제시해야 한다. 전술한 통행의 특권을 악용하는 것을 방지하기 위해 필요할지도 모르는 그런 규정에 따라 중국인 노동자들은 그들이 다른 국가로부터 여행 동안 미국의 영토를 경유하는 특권은 계속 향유한다.

제4조, 1880년 11월 17일 북경에서 조인된 중미조약의 제3항에 따

라 미국에 영구히 거주하든 일시적으로 거주하든 중국인 노동자나 다른 계층의 중국인은 귀화된 시민의 권리를 제외하고 최혜국 시민으로 미국법에 의해 주어진 모든 권리, 즉 그들의 인명과 재산이 보호되어져야 한다는 것에 동의한다.

미국 정부는 전술한 3항에서 언급했듯이 미국에 있는 모든 중국인들의 인명과 재산을 보호하기 위해 최선을 다하는 것이 그 임무임을 재차 단언한다.

제5조, 1892년 5월 5일 승인된 의회의 법에 따라 그리고 1893년 11월 3일 승인된 법에 의해 수정된 바와 같이 미국 정부는 첫 법이 통과되기 이전에 미국의 영역 내에 합법적으로 있는 모든 중국인에게 그들에게 더 나은 보호를 할 목적으로 전술한 법에서 규정한 바와 같이 등록을 요구한다.

중국 정부는 그런 법의 시행에 반대하지 않을 것이다. 상호간에 미국 정부는 조약 항구 내에 거주하든 않든 중국에 있는 숙련이나 미숙련 노동자들과 미국 시민들이 무료로 등록할 수 있는 동일한 법이나 규칙을 중국 정부가 제정과 시행하는 것을 인정한다. 미국 정부는 이 조약의 비준서가 교환된 날로부터 12개월 내에, 그 후 매년 중국 정부에 공식적인 일로 중국에 거주하거나 여행하는 미국의 외교관과 다른 관리, 그들과 함께하는 인원은 제외하고 중국의 조약항구 주변에 거주하는 선교사를 포함하여 모든 미국 시민들의 성명, 연령, 직업, 거주 인원수와 장소를 나타내는 등록부나 보고서를 제공한다.

제6조, 이 조약은 비준서가 교환된 날로부터 10년 동안 실시된다. 전술한 10년의 기간이 만료되기 6개월 전, 한 정부가 다른 정부에 그 최종적인 종결을 공식적으로 통고하지 않는다면, 그 다음 10년 동안

계속 실시된다.[94]

　이 조약을 검토해 보면, 제1조에서는 10년 간 미국으로 중국인 노동자들이 오는 것을 절대로 금지하는 기간을 정했다. 이 금지는 귀국증명서를 소유하였든 하지 않았든 그 당시 미국에 체류하지 않는 중국노동자들의 귀환에까지 확대된다는 것을 규정하였다. 제2조는 스코트법의 제1, 2조항을 논박한 것이다. 그것은 미국에 그들의 가족관계나 재산이 있음에도 불구하고 중국 노동자들의 입국과 귀환의 절대금지, 신분증명서 발급제도의 폐지, 중국에 있는 중국 노동자들이 소지한 모든 미결제 증명서의 말소를 규정하였다. 제5조는 상호등록의 권한에 동의한 것이다. 1888년 조약에서는 미국이 배상의 지불을 규정하였으나 현행조약의 제5조에서는 미국이 상호권한을 인정한 것처럼 보인다. 그러나 이것은 실효성이 결여된 미국 측의 양보로 생각된다. 왜냐하면, 중국에는 미국 노동자가 거의 없었으며 미국은 이미 중국에 있는 선교사를 포함하여 다른 시민들의 등록에 관한 명세서나 보고서를 중국 정부에 제시하기로 되어 있었기 때문이다.

　그러나 이와 같은 몇 가지 유익한 점이 있음에도 불구하고, 1894년 4월 17일부터 7월 11일까지 조약이 상원의 비준을 기다리는 동안, 다른 주들로부터 조약의 비준에 반대하는 38개의 청원서가 상원에 제출되었다. 아마 이는 조약의 제5조항 때문으로 풀이된다. 이것은 1893년 12월에 중국 정부가 덴비 대사에게 북경이나 지방에서 여권을 신청할 때, 외국인들은 그들의 예정된 이동코스를 보고하여야 한다는 것을 전

94　*Ibid.*, pp.177-178.

달한 것이나[95] 남경총독이 50명의 미국 선교사가 시 외곽에 머무는 것을 허용하지 않은 것에서 볼 수 있다.[96] 결국 8월 13일 상원에서 조약을 승인하게 되었다. 이 승인은 전술한 조약의 체결 동기뿐 아니라 1894년 7월 청일전쟁에 따른 강력한 적대감정이 작용했으리라 짐작된다. 당시 덴비 대사가 국무성에 보낸 전문에 "중국 국민들 중에 외국인을 반대하는 갖가지 루머가 퍼져 있고 일본에 대한 적의는 일반적으로 외국인에 대한 적으로 바뀌는 경향이 있는 것 같다"[97]고 한 것에서 조약이 체결되지 않을 수 없었던 배경을 알 수 있다.

이 조약은 스코트법의 폐지이고 중미간의 상호권한을 인정한 면도 있으나 중국 정부는 미국과 우호적인 유대를 계속 유지시키려는 측면에서 중국 노동자의 입국을 절대 금지하는 규정에 동의하였다고 하겠다.

---

95 *Ibid.*, p.155.
96 *Ibid.*, pp.3041-3042.
97 *Ibid.*, p.130, 150.

06

이민금지 지역과
그 권한의 확대

1. 하와이와 필리핀의 적용

1894년에서 1902년 사이에도 중국 이민 문제에 관하여 법의 수정, 재 제정, 폐지 등 여러 가지 시도들이 있었다.

1895년 4월 30일 재무부장관은 1893년 11월 3일의 맥그리리의 수정 법안을 하원에 제출하였다. 그 내용은 미국에 입국하거나 거주하려는 중국인의 권리에 영향을 미치는 소송의 경우 중국인 이외의 다른 증인 요구와 중국인의 허가나 신원증명서를 허위로 작성하는 사람의 위증 처벌을 규정한 현행법은 개정되어야 한다는 것이다. 왜냐하면 그들이 미국에서 태어났다는 이유로 입국을 신청하는 경우 중국인이 이런 사실을 증명하는 중국인의 증인이 되기 때문이다.[1]

---

1 54th Congress, 1st Session, *House Document No.372*, 1895-1896, Vol.61.

1898년 3월 7일 재무부장관은 전술한 맥그리리법의 수정안을 상원에 제출하였다. 이 수정안의 내용은 노동자란 용어는 선박의 선원, 급사, 요리사를 포함하고 이런 계층은 적당한 기간 동안 상륙과 체류를 할 경우 $300을 지불하고 이런 사람이 3개월 이내 재승선하거나 미국을 떠나지 못할 경우 미국 지불금이 몰수된다는 것으로 이는 이런 사람들의 불법적인 입국을 저지하려는 조치로서 제안되었다.[2]

이 기간 동안 의회에서 하와이 합병의 문제는 중국 이민 문제의 논의를 가로막았으나 1898~1899년 55차 의회의 3차 회기와 1899~1900년 56차 의회의 1차 회기에 하와이에서 중국 이민을 통제하기 위해 미국법을 확대하려는 취지에서 여러 법안이 제출되었다. 1898년 7월 7일 합동 결의안은 중국 이민의 통제를 규정하였다. 즉 미국법에 의해 지금 허용되었거나 앞으로 허용될 신분을 제외하고 중국인이 하와이에서 미국으로 들어오는 것을 허용하지 않는다는 것이다.[3]

12월 12일 중국 대사는 국무성에 보낸 각서에서 이 합동 결의안의 실시는 하와이를 개척한 2만 이상의 중국인에 대한 명백한 불평등과 지나친 차별이라는 사실을 지적하였다. 이 결의안은 여러 가지 오고 가는 중국인들의 가장 중요한 권리에 대한 중지이다. 또 그는 중국인과 백인노동자 사이에 경쟁이 없었기 때문에 미국의 금지법을 하와이로 확대시키는 것은 비합리적이고 불필요하다고 주장하고 중국인들이 일본인, 말레이인, 태국인, 다른 아시아인 보다 싫거나 위험하다고

---

2 55th Congress, 2nd Session, *Senate Document No. 182*, Vol. 11.

3 *Supplement of the Revised Statutes of the United States*, Vol. 2, 1892-1901, p.896.

차별을 선언한 것이 의회의 의지인지 아닌지를 물었다.[4]

1899년 2월 18일의 다른 각서에서 하와이 정부가 발행한 귀환증명서를 가진 약 200명의 중국인이 중국에서 하와이로 오는 귀환이 허용되지 않고 있다는 사실을 그는 비난하고 미국이 하와이를 합병함으로서 하와이 정부의 의무를 떠맡았을 때 미국은 그 의무를 인식해야만 했었다고 언급하였다. 이에 대하여 헤이(Hay) 국무장관은 이 결의안의 규정은 새로 오는 중국인에게 적용되지 합법적으로 거주하는 중국인이 돌아오는 것에는 적용되지 않는다고 해석되어야 한다고 법무장관의 견해를 인용하여 대답하였다.[5]

1900년 4월 30일 하와이 영토를 위해 정부가 규정한 법이 승인되었는데 이 법에서는 하와이에 거주하는 중국인들은 등록을 해야만 한다는 것이다. 이 등록규정은 101조에 있는 것으로 다음과 같다.

이 법이 효력을 발했을 때, 하와이에 있는 중국인은 그 후 1년 내에 1892년 5월 5일 승인되고 1893년 11월 3일 수정법에 따라 "미국의 중국인 입국금지법"에 의해 요구된 거류증명서를 취득할 수 있다. 거기서 그런 증명서의 미소유 상태로 발견된다면 그 해 말이 되어서야 미국에 합법적으로 체류하게 된다. 그러나 중국인 노동자들은 그런 증명서를 소지하였든 하지 않았든 하와이에서 어떤 주, 준주, 또는 미국의 특별지구로 들어오는 것이 허용되지 않는다.[6]

한편, 미국이 스페인으로부터 필리핀을 할양받은 후 Wu Ting Fang

---

4 56th Congress, 1st Session, *House Document No. 1*, Vol. 1, Part 1, pp. 202-203.

5 *Ibid.*, p. 205.

6 *Supplement of the Revised Statutes of the United States*, Vol. 2, p. 1162.

중국 대사는 1899년 2월 3일 필리핀에 있는 중국 이민을 어떻게 다룰 것인지 미국의 정책에 대하여 문의하였다. 8월 18일 국무성 문서를 통해 그는 중국인 금지법이 오티스(Otis) 육군소장에 의해 필리핀에서 실시되고 있다는 것을 알았다.[7]

1898년 9월 26일 오티스 소장에 의해 공포된 규칙은 다음과 같다.

중국인의 입국을 금지하는 미국법은 여기서도 적용 시행된다. 원래 마닐라에 거주했거나 일시적으로 이곳에 체류하지 않았던 중국인 노동자들은 스페인인의 진술이나 미국 영사의 증명서에 의해 적절한 거주의 증거 입증으로 돌아오는 것이 허용된다.

증명서에 대한 치밀한 조사가 요구되며 국적이 무엇이든 중국인은 이전의 거주의 결정적 증거를 제외하고는 세관원에 의해 입국이 허용되지 않을 것이다.

1894년 중미 조약에 명기된 계층들은 위의 제한으로부터 면제될 것이다. 즉 관리, 교사, 학생, 상인, 여행자들은 제한을 면제받게 될 것이다. 이런 계층들의 입국은 중국 정부가 발행한 증명서의 제시로 허용될 것이다.

항구로 들어오는 모든 중국인은 중국 영사의 사무소에 등록해야 한다. 다음 규정은 원래 마닐라에 거주했던 중국인 노동자들의 귀환을 다룬 내용이다.

모든 노동자들은 출발하기 전에 신원을 증명하기 위해 세관원에게 자신의 이름, 나이, 신체적 특징, 또는 특성을 보고해야 한다. 전술한

---

7 56th Congress, 1st Session, *House Document No. 1*, 1899-1900, Part 1, pp. 207-208.

세관원은 등록부에 나타난 사실을 확인하기 위하여 출발한 모든 중국인의 증명서를 비치해 두어야 한다. 이런 사실이 기록된 증명서와 동일한 것을 세관원에게 제시하면 중국인 노동자들이 돌아오거나 항구로 재입항하는 자격을 줄 것이다.[8]

이런 조치에 대하여 중국 대사는 강력히 항의하였으나 소용이 없었고 국무성을 통해 이런 조치가 의회에서 입법화될 것이라는 확신을 갖게 되었다.

한편 1900년 미국노동총연맹(AFL)은 켄터키 집회에서 미국 노동자들을 위협하는 위험이 증가된다는 견지에서 의회가 모든 몽골인종 노동자를 포함하여 중국 이민 금지법의 강화를 재제정해야 한다는 결의안을 채택하였다. 1901년 11월 22일 샌프란시스코에서 열린 중국인 금지집회는 중국인 금지의 이유(Some Reasons for Chinese Exclusion)를 작성한 청원서를 상원에 보냈다.[9]

사실 이 시기는 중국인에 대한 적대 감정이 절정에 이르렀다고 할 수 있을 정도로 57차 의회의 첫 회기에(1901~1902) 많은 중국인 금지 법안이 제출되었다. 하원에 접수된 247개의 청원은 도서지역으로부터 모든 중국인의 금지를 주장하고 16개의 청원서는 모든 아시아 인종의 금지를 주장하였다.[10]

1902년 1월 16일 오레곤의 미첼 상원의원은 미국의 영토, 그 관할 아래 모든 속령과 준주, 콜롬비아 특별지구 내로 중국인과 중국계 후손이 오는 것을 금지하고 거주를 통제하려는 법안을 상원에 제출하였

---

8 *Ibid.*, pp.211-212.
9 57th Congress, 1st Session, 1902, *Senate Document No. 137.*
10 *Ibid.*, p.79.

다. 이 법안은 57개항으로 되어 있으나 현행법의 조항과 다른 유일한 조항은 제 1조로서 미국 영토와 그 관할 하의 모든 영토로 중국인 노동자들이 오는 것을 무제한 금지한다는 것이다.[11]

이 법안이 1월 18일 하원에 제출된 동안, 다른 한 법안이 하원법안 No.13031로 대체되어 외교관계위원회 퍼킨 의원에 의해 3월 26일 보고되었다. 이 법안은 하원에서 3일간의 심사와 약간의 수정을 거친 후 통과되어 상원의 이민 위원회에 회부되었다. 동시에 상원도 이미 그 자체법안인 미첼 의원이 제안한 법안을 심의하려고 하였는데 이것은 하원법안과 유사하였다.

4월 16일 코네티컷의 플래트 상원의원은 상원법안의 대체안으로서 다른 수정안을 제출하였는데 그것은 대체로 다음과 같은 3개항을 포함하고 있다.

제1조, 미국으로 중국인이 오는 것과 거주를 금지하고 통제하기 위해 실시되는 모든 법률은 1888년 9월 13일 법을 포함하여 1904년 12월 7일까지 계속 연장된다. 또 1894년 3월 17일 조약이 상존하는 한 계속 실시될 것이고 전술한 법은 미국의 관할권 내의 모든 영토에 적용될 것이다. 한 섬에서 다른 섬으로 중국인 노동자들의 이동할 때에는 적용되지 않는다.

제2조, 1894년 3월 17일 조약이 종결된 경우 이 법은 새로운 조약이 체결될 때까지 계속 실시한다.

제3조, 재무부장관은 이 법의 규정의 시행을 위해 필요한 규칙과 규

---

11 57th Congress, 1st Session, *Congressional Record*, Vol.35, Part 3, pp.3654-3655.

정을 만들 권한이 있다.[12]

후에 이 대체안은 미첼 의원에 의해 "미국의 연방법정이 설치되어 있지 않거나 연방재판소의 집행관이 없는 섬 지역에서 지방법정의 판사는 연방판사의 재판직무를 행사할 수 있고 지방관리들은 연방집행관의 집행직무를 행사할 수 있다"[13]는 구절을 삽입 수정시켰으며, 또 '미국시민이 아닌 자' 란 구절이 제1조에 '노동자들' 이란 단어가 뒤에 삽입된 후 플래트 대체안이 채택되었다. 결국 76 : 1, 기권 11표로 4월 16일 통과되었다.[14]

4월 17일 하원법안 No.13031은 플래트 수정안에 의해 대체되면서 몇몇 규정이 삽입되고 확대되었는데, 예를 들면 전람회나 박람회 출품자와 그들이 필요로 하는 보조자의 입국허용의 규정, 이 법이 통과된 후 1년 내에 거주증명서를 얻은 중국인 노동자들이 하와이를 제외한 미국의 도서 지역에서 법률에 의거하여 등록할 것을 요구하는 규정 등이다.[15]

하원은 상원의 수정안에 의견을 같이 하지는 않았으나 4월 28일 회의에서 작성된 수정안은 양원이 모두 동의하는 가운데 그들 앞에 제출되었다. 이것은 결국 의견이 일치를 보면서 승인하여 1902년 4월 29일 서명되었다.

Wu 중국 대사는 이 법으로 인하여 하와이와 필리핀에 있는 중국인

---

12 *Ibid.*, Part 5, p.4240.

13 *Ibid.*, p.4251.

14 *Ibid.*, p.4252.

15 *Ibid.*, p.4307.

의 활동이 아주 불편하게 되었으며 이 섬들의 번영에 저해가 될 것이라고 하였다. 또 그는 반대의 분명한 이유로서 중국인의 노동이 하와이에 필요하였고 백인이나 토착노동자와 경쟁이 되지 않았다는 것을 예로 들었다. 특히 필리핀에 관해서는 "중국인 노동력이 허용되지 않는다면 필리핀은 멸망하지 않을 산업이 없다"[16]는 미국상업대표부 총영사 와일드먼(Wildman)의 보고서를 인용하기도 하였다.

중국인 노동자를 금지하는 규정을 중국으로부터 비준 받은 후, 1902년 법은 그 적용지역을 미국 영토와 그 관할 아래의 모든 도서지역, 즉 하와이와 필리핀으로 확대함으로서 더 광범위하고 엄격해졌다.

2. 지역과 권한의 확대

1904년 1월 24일 중국 정부는 금년 12월에 1894년 조약 중 제6조의 규정에 따라 1904년 12월 7일로 10년의 기간이 완료된다는 것을 주미 콩거(Conger) 대사에게 통보하였다.

이것은 이민조약의 폐기통보라는 면도 있으나 이미 미국과 중국 사이에 존재해 온 우호적인 관계로 인해 새로운 조약을 체결할 수 있다는 만족스러운 해결책을 암시한 면도 있다.[17] 그러나 몇몇 사람들은

---

16 57th Congress, 1st Session, *House Document No. 1*, Vol. 1, p.94.

17 58th Congress, 3rd Session, *House Document No. 1*, Vol. 1, pp.117-118.

1894년 조약이 이민의 금지를 규정한 반면 1880년 조약은 이민의 중지만을 규정했기 때문에 1902년 법은 동일한 법이 조약의무와 일치하는 한 현행법만은 계속된다고 주장하였다. 또 현행법이 많은 효력을 잃었다고 하더라도 행정부에서는 법은 적어도 조약이 종결된 후 적당한 영향력을 행사할 수 있다는 견해를 나타내기도 하였다.[18]

따라서 중국 문제에 관한 몇 가지 법안이 의회에 제출되었다. 1904년 4월 13일 세출위원회가 제출한 세출 법안을 토론하는 과정에서 일리노이 히트 의원은 7가지 항목이 포함된 수정안을 제안하였다.

제3조, "중국인과 중국계 사람이 미국과 그 영토, 그 관할권 내의 모든 영토, 콜롬비아 특별지구 내로 들어오는 것을 금지하고 거주를 통제하는 법"이란 제목이 붙은 1902년 4월 29일 승인된 법의 제1조는 다음과 같이 수정된다.

1902년 4월 29일 실시된 법은 1888년 9월 13일 승인된 "미국으로 중국 노동자들이 오는 것을 금지하는 법"이란 제목을 사용하였는데 이 법의 5, 6, 7, 8, 9, 10, 11, 12, 13, 14조에는 미국으로 중국인과 중국계 사람이 오는 것과 그들의 거주를 통제, 중지, 금지하는 내용이 포함되어 있다. 이것에 의해 동일한 법이 금후 특별히 규정하게 되는 경우를 제외하고 수정, 제한, 조건 없이 재제정, 연장 및 지속이 가능하다. 전술한 법은 미국의 관할권 하의 섬 지역에도 적용되고, 할양된 섬이든 아니든 그런 섬에서 미국 본토로 그리고 미국의 섬 중 한 곳에서 섬의 다른 곳으로 미국 시민이 아닌 중국 노동자들의 이주는 금지한다. 그

---

18 *Ibid.*

러나 그런 전술한 법은 중국 노동자 집단이 한 섬에서 다른 섬으로 이주하는 데는 적용하지 않는다. 어떤 주의 관할 내에 있는 섬이나 알래스카 특별지구는 이 조항 하에서 본토의 한 부분으로 간주한다.

제4조, 재제정된 법은 출생에 의해 미국시민이 된 중국계 사람과 특별히 법에 의해 주어진 그런 특권을 가진다면 미국의 영토 내로 들어오거나 거주를 허용하는 것으로 해석된다.

제5조, '중국인'이나 '중국계 후손'이란 말은 현재 또는 과거 어느 때 중국 황제의 지배하에 있던 몽골인의 조상의 혈통을 이어받은 사람이란 의미로 해석한다. 그런 사람들은 금지나 추방하는 것과 관련된 소송이나 조사과정에서 만약 그 사람이 결정적인 증거를 제시하지 못하거나 사실과 다르다는 점을 입증하지 못한다면 그 사람은 중국인이라는 것을 입증하여 믿도록 노력하여야 하며, 이민 관리에게 거짓이 없음을 맹세한 후에 자신의 주장을 펼쳐야 한다.

제6조, '노동자들'이란 용어는 특별히 법에 의해 미국으로 들어오거나 거주가 허용되지 않은 중국계 사람들을 포함하는 것으로 해석된다.

제7조, 정부 관리들은 입국 허가 및 추방의 문제처럼 중국계 사람들의 시민권 요구에 관한 문제를 결정할 권리를 가지고 있다.

제8조, 외국인 이민을 통제하는 1903년 3월 3일 법의 규정은 미국 내에서 외국인인 중국인에게 적용된다.

제9조, 1888년 9월 13일 중국 이민 금지법의 제13조는 연방법원 위원회의 판결로부터 미국 지방법원으로 10일 내에 미국인이나 중국인을 위해 청원할 수 있도록 그리고 미국 최고 법원이나 순회법원의 청원에서 단지 정부를 대신하여 청원할 수 있도록 수정한다. 만약 그것

이 중국계 사람들에게 불리하다면 지방법원에 제소한 소송을 최고법원이 신청 일로부터 6일 내에 재조사할 수 있다.

제10조, 1902년 4월 29일 법의 제2조와 3조는 '재무부장관' 이란 용어를 삭제하고 그 대신에 '통상노동부장관' 을 삽입, 수정하였는데 그는 중국계 사람들의 입국허가나 추방에 관련된 모든 권한과 권력을 소유하고 행사할 수 있다.

제11조, 통상노동부장관이 승인하는 이민 위원회는 1894년 12월 8일 이전에 미국으로 온 중국계 사람이나 정부에 봉사하는 사람들은 이 법의 적용으로부터 구제된다.[19]

이 조항을 분석해 보면 3조는 최근에 나타났던 긴급사태에 대응하기 위한 것이고 4조는 법에 의해 입국이 허용된 사람을 제외하고 중국인들의 금지가 법무부와 법원에 의해 판결된다는 것이다. 5조는 법의 시행에 있어 '중국인' 과 '중국계 후손' 을 구분하여 정의 내림으로서 그들을 관리들의 지배하에 두려는데 목적이다. 6조는 숙련과 미숙련 노동자 모두를 금지하도록 규정한 법으로 수정되었다는 것이다. 7조는 미국관리가 중국인이 요구하는 시민권을 중지하는 문제에 대하여 그 결정권을 갖고 있다는 것이다. 8조는 1903년 3월 3일 이민법의 허점을 막기 위한 것이고 9조는 미국에서 지금은 허용되지는 않았지만 위원회의 결정으로 청원을 하는 것이다. 10조는 금지의 시행의무가 통상 노동부장관에게 이전되었다는 것이고, 11조는 특별한 경우 통상

---

19 58th Congress, 2nd Session, *Congressional Record*, 1904, Vol. 49, Part 5, pp. 5031-5037.

노동부장관에게 주어진 자유 재량권이다.

이 수정안은 간단한 토론 후 채택되어 1904년 4월 18일 하원을 통과하였다. 4월 23일 상원심사에서 일리노이의 컬롬(Cullom) 상원의원은 3조의 'condition' 단어의 뒷부분을 삭제하고 "아래에서 특별히 규정된 것을 제외하고"란 말을 삽입하자는 수정안을 제안하였으며[20] 매사추세츠의 로지(Lodge) 상원의원은 법안의 말미에 "외국정부나 속령의 동의와 더불어 수송회사에 의해 고무된 중국인과 다른 외국인들이 전술한 정부가 수송회사에 동의했다고 하더라도 이민을 제공하지 못하며, 수송회사에 보상을 의무로 하는 경우, 미국은 그들의 입국을 허용하지 않는다는 규정"을 삽입하기로 제안하였다. 이 수정안도 그 의도에 대한 몇 가지 설명이 있은 후에 채택되었다.

그러므로 이 법은 4월 27일 양원에서 동의된 후[21] 4월 29일 대통령에 의해 승인되었다. 여기서 특이한 현상은 1904년 법 후 중국 이민 문제를 취급하는 법이 의회를 통과하지 못했다는 것이다. 금지법의 시행과 관련하여 규칙과 규정이 몇 가지 바뀐 것이 있었다. 1903년 7월 1일 이민국이 통상노동부의 한 분과가 되었을 때 이런 상황에 대한 완전한 통제와 권한을 위임받았고 동일한 법의 시행과 관련하여 명확하고 구체적인 지시를 하였다. 이민국은 한 달 내에 1899년 재무부에 의해 발행된 "중국 이민 금지법과 판례요람"이란 제목의 팜플렛을 1903년 7월 "중국 이민금지의 법률, 조약과 규정"이란 제목으로 수정하여 간행하였다.[22]

20　*Ibid.*, p.5413.
21　*Ibid.*, p.5662.

결국 1904년 12월에 1894년 조약의 종료는 필연적 갱신의 원인이 되었고 1905년 5월에 동일한 제목의 팜플렛이 간행되었는데 그 속에 1894년 조약이 만료가 된 관점에서 1880년의 항구조약을 삽입하였다. 급작스런 갱신은 규칙 59에서 볼 수 있는데 그것은 사람들이 왕래할 수 있는 복수 신원증명서를 규정하였다.[23]

마지막으로 현행법을 고려하기 위해 통상노동부장관이 임명한 위원회의 보고서에 "중국인의 입국을 다루는 조약, 법률과 규정 : 1906년 2월 5일 승인된 규정"이라는 제목이 붙은 다른 팜플렛은 이전까지 간행된 모든 간행물을 폐지한다고 하였다. 이 규정을 몇 가지만 살펴보면 다음과 같다. "거주하는 상인들이 다른 대륙을 방문할 경우 지체함이 없이 외국에 인접한 영토의 단기간 방문을 할 수 있는 조건 규정, 사진을 촬영, 조사하는 것에 상관없이 면제 계층이 미국을 경유할 수 있다는 규정, 새로운 편집물에 모순되는 이전의 모든 규칙의 폐지"[24] 등이다.

결국 이런 상황은 이민국의 사젠트 국장이 미국인 검사관들에게 중국인의 금지나 체포 그리고 국외추방에 관련된 법 규정의 집행에 책임이 있는 당신들이 모든 행동이나 말에서 중국인을 정당하게 대우하라는 명령을 내리게 되었다.[25] 따라서 1904년 이후 의회에서 중국인 문제가 거의 거론되지 않게 되었는데, 그것은 일본 이민의 증가문제, 중국인의 부당한 차별에 대한 미국상품의 불매운동, 현행 금지법의 강화

---

22 59th Congress, 1st Session, *House Document No.847*, Vol.50, p.24.

23 *Ibid.*, p.29.

24 *Ibid.*, p.24.

25 *Ibid.*, p.149.

에 따른 중국인 노동자들의 유입이 거의 금지되었기 때문이다.

그러므로 1904년에 이르러 실제적으로 정부관리, 상인, 교사, 학생, 여행자를 제외한 모든 중국인의 입국이 금지되었으며, 1902년 법이 연장되면서 금지가 도서지역까지 더 확대되었다. 물론 금지를 효과적으로 실시하기 위해 필요하다고 간주되는 규정을 제정하는 권한은 행정부에 있었다.

07
결론

1848년 금광의 발견과 1865년 태평양 횡단 철도의 건설에 따른 많은 노동력 수요는 중국인을 미국으로 유입시켰으며, 1868년 벌린게임 조약의 체결은 이와 같은 노동력과 통상의 필요성 때문에 미국인에게 크게 환영을 받았다. 그러나 1870년대에 오면서 중국인의 급격한 증가, 경기침체에 따른 실업의 증가와 임금의 감소는 큰 불만요인이 되었다. 캘리포니아인들은 이 불만요인을 중국 이민에 의한 것으로 전가시키면서 중국 이민을 차별, 제한, 반대하려는 기운이 나타나게 되었다. 벌린게임 조약의 결과는 예상 밖으로 중국 이민을 촉진시켰으며 그 증가에 따른 여러 문제가 표면화되면서 미국은 적지 않게 당황하였다. 따라서 캘리포니아인들은 지방법령을 제정하여 중국인 도래에서 비롯되는 제반문제들을 해결하려 하였다. 이런 것들의 첫 시도는 광산지역과 주 의회의 법령 제정, 나중에는 시 조례의 제정 등을 채택하여 중국인의 도래를 억제하려고 하였다. 즉 주에서는 인두세, 광부세, 어부세, 세탁업자의 면허세를 부과하고 중국인들의 사업운영을 통제하였고, 심지어 중국인의 입국을 규제하는 법령까지 제정하였다.

지방에서 중국인을 통제하려는 모든 노력은 대중 집회, 조사보고, 폭동 등을 통해 성취된 면도 있지만 그 시행 상의 어려움 뿐만 아니라 주와 연방법원에서 그것을 위헌 판결내렸기 때문에 효력을 발휘하지 못하였다. 이와 같이 지방에서 차별, 통제, 제한하려는 그들의 시도가 거의 실효를 거두지 못하였다. 이 때문에 중국인에 반대하는 캘리포니아인들은 연방정부에 호소하였다. 실제로 지방에서 중국인을 제한, 통제하는 데 있어 중요한 장애 중의 하나는 벌린게임 조약이었다.

이 조약은 최혜국의 국민이나 시민에게 부여하는 대우를 중국인에게도 동일하게 보증한 것이다. 그러나 중국인에 반대하는 단체들은 점증하는 노동단체로부터 강력한 지지를 받았으며, 그들은 가장 효과적인 집권을 위하여 대통령직과 상ㆍ하 양원의 지배가 두 큰 정당 사이에서 빈번히 뒤바뀌는 19세기 후반의 전국적인 정치상황을 이용하였다. 이런 상황 하에서 태평양 연안 주들의 투표는 큰 중요성을 띠게 되었으며 선거운동에서 이런 주들이 큰 교섭세력으로 등장하였기 때문에 정치인들은 중국인을 반대하는 입법조치를 옹호하였다.

그러므로 중국에 반대하는 단체들은 벌린게임 조약의 수정이나 폐지를 청원하였고, 모든 중국 이민의 무조건적 금지는 여러 단계로 계속 진행되었다. 따라서 의회는 중국 이민 문제의 보고서를 작성하였고, 보고서를 근거로 법을 제정하였다. 이 법은 대통령이 거부권을 행사하였으나 공화당 행정부는 정치, 경제, 사회 문제를 고려하여 벌린게임 조약을 수정하려고 앵겔 위원회를 중국에 파견하였다. 이 위원회에 의해 체결된 조약이 1880년의 중미조약이다. 이 조약에서 중국은 미국이 미국으로 유입되는 중국인 노동자들을 적당한 기간 동안 제한하거나 일시 동안 중지하는 것을 인정하였지만, 전제 조건으로 그 권리 운영에서 미국의 국가이익에 영향을 미치거나 안녕질서를 위태롭게 할 때라는 제한적 단서를 달았다. 이 조약을 근거로 하여 1882년 중국인 이민금지법을 제정하였다.

미국은 조약에 따른 법률제정에 실제 우호와 공정을 약속하였으나, 노동자들이 새로운 정치가들의 주의를 집중시키는 영향력을 가지게 된 1882년 주의원 선거 이전에 법률을 제정하게 되었다. 1882년 금지법은 10년 동안 중국 노동자들의 입국금지를 규정하였으며, 외교관이나 정부 관리를 제외한 다른 모든 중국인은 중국 정부가 발행한 증명서를 가지고 오도록 요구하였다. 그러나 이 법은 애매모호하고 생략이 많았기 때문에 여러 가지 문제를 야기 시켰다.

2년 후 이 법의 집행에 따른 문제점을 수정, 보완하게 되었으며, 그 후 20년 동안 2개의 조약과 5개의 법안이 통과되었다. 20년 동안 중국 노동자들을 절대 금지하는 1888년 조약이 미국무장관과 주미 중국 대사 사이에 체결되었으나 중국 정부가 비준을 거부함으로써 폐기되고 그 대신 가장 악의가 있으며 대통령 선거에 직면하여 정치적 경쟁에서 비롯되었다고 하는 스코트법이 통과되었다. 이것은 법안통과 이전 중국으로 귀국한 모든 중국인은 미국으로 돌아올 수 없고 영원히 신분증명과 귀국증을 발급하지 않으며 모든 증명도 무효라는 것을 규정한 것이다. 4년 후 중국인 노동자들에게 재무부의 등록에 따른 거류증명서의 휴대와 거류증명서를 소지하지 않고 붙잡힌 중국인은 보석을 신청할 수 없으며, 그 거류의 증명으로 백인의 증인을 규정한 기어리법이 통과됨으로서 금지 규정은 점점 강화되었다.

그러나 이 법은 대부분 중국인 노동자들이 스코트법의 위헌 논쟁에 의해 등록을 하지 않은 자가 속출하고 체포, 추방에 따른 과중한 비용

부담 때문에 등록기간을 6개월 연장하고 스코트법에 의거 처리중인 법률행위의 중지와 백인 증인규정을 중국인을 제외한 신뢰할 만한 증인이 있어야 한다는 맥그리리 수정안으로 대체되면서 등록기간과 증인규정이 완화되었다.

한편, 1894년 중미간에 체결된 조약은 폐기되었던 1888년 조약의 부활로 볼 수 있으며, 이 조약과 모순되는 이전 모든 법을 폐지시켰다. 이는 사실상 스코트법의 폐지였으나 중국 정부는 그 당시까지 미국이 강화하고 구체화하여 집행하였던 중국 이민금지 규정을 추인하였다.

19세기 말에 이르러 이 금지정책은 기간이나 노동자의 정의문제보다 그 적용지역에 초점을 맞추었고, 1902년에는 미국 영토와 그 관할하의 모든 도서(島嶼), 즉 1897년과 1898년에 합병한 하와이와 필리핀으로 법의 적용지역을 확대하고 더욱 가혹하고 엄격하게 법을 집행하였다. 이 가혹함과 엄격성은 1904년에 정부관리, 상인, 교사, 학생, 여행자를 제외한 모든 중국인의 유입을 무기한 무조건 금지하고, 이 법의 효과적 실시를 위해 행정부에 규정을 제정할 권한을 부여하여 더욱 확대 강화되었다.

따라서 1880~1904년의 미국의 대중국 이민정책을 통하여 다음과 같은 결론을 얻을 수 있다.

첫째, 미국의 대중국 이민정책을 나타내는 조약체결과 법의 제정 배경은 본래 지역적인 세력이 정치적 수단을 이용한 것으로 볼 수 있다. 실제로 미국의 중국인에 대한 가장 근본적인 반대는 그들의 민족적 특성이 미국인과 다르고 미국인의 관습과 이상을 기꺼이 받아들이려 하지 않았다는 것이다. 즉 중국인 반대 운동의 지지자들이 아시아와 아메리카의 이념과 문명 사이에 큰 차이가 있다는 상황을 인식하고 그것을 받아들이도록 요구하였다는 것은 놀랄 일이 아니다. 그것을 인종편견이라고 부를 수도 있지만 점차 경제적 혹은 사회·정치적 조건과 결합됨으로서 더욱 증폭되어 갔다. 따라서 중국인 이민관련 6개의 법안 중 맥그리리법만 제외하고 모든 법안이 주 선거 또는 대통령선거 전에 입안 통과되었다는 면에서 사회·정치적 의미가 크다고 하겠다.

둘째, 1882년 중국인 이민금지법 제정 이전에는 주법과 시 조례가 위헌 판결로 큰 효력을 발휘하지 못하자, 주 의회와 노동단체들은 중국인 이민금지 입법을 주 정부가 아닌 연방정부에서 제정할 것을 강력히 요구하였다. 그러나 이러한 법과 조례들이 위헌이라고 선언되기 이전에 이미 중국인에 대해 차별, 제한, 통제가 이루어졌기 때문에 이 법은 금지의 초기 단계라 할 수 있다.

셋째, 중국 이민을 제한하고 금지하는 과정에서 초기 논쟁의 초점은 중지기간과 노동자의 정의문제였다. 이것은 중국인의 등록과 거류증, 그리고 증인의 규정, 적용지역의 확대를 점차 구체화하는 동시에 행정부에 시행할 권한을 부여하고 무제한의 금지를 설정하였다. 따라서 그 금지규정은 가혹하고 점점 강화 확대됨으로서 중국인의 이주는 거의 불가능하게 되었다. 1880년에는 중국인 노동자 이외의 계층의 입국은 허용되었지만, 1904년에 이르러 정부관리, 상인, 교사, 학생, 여행자를 제외한 모든 중국인의 입국이 금지되었다.

넷째, 미국 이민정책에서 중국인 이민금지법의 제정은 공식적인 인종차별주의를 천명했다는 점에서 미국이 모든 억압받는 사람들의 피난처라는 미국의 이상과는 모순된다고 할 수 있다. 즉 정치가들의 목적에 따라 제정된 법은 한 국가의 정책기조를 바꾸었고 미국이 지향한

통치이론과 모순된다는 점에서 인종주의가 이민금지에 적용된 첫 경우이다. 그 법은 지나친 보호주의에 입각하였기에 미국의 이율배반적인 정책을 잘 드러내고 있다고 하겠다.

그러나 이와 같은 연구 결과에도 불구하고 중국인 이민금지의 실제적 상황과 노동문제를 배경으로 한, 당시 이민과 노동의 문제를 포함한 노동현실의 보다 심층적 연구, 그리고 6대 중화회관을 중심으로 한 미국내 중국 이민의 사회조직체 연구 등이 향후 이루어져야 하겠다.

08

참고문헌

I. Government Publications

1. Congressional Globe

37th Congress, 2nd Session, 1861-1862.

38th Congress, 1st Session, 1863-1864.

41st Congress, 2nd Session, 1869-1870.

2. Congressional Record

Vol.4, Forty-Fourth Congress, First Session, 1875-1876, pp.2850-2858, 4418-4421.

Vol.7, Forty-Fifth Congress, Second Session, 1877-1878, pp.1544-1553, 2439-2440.

Vol.8, Forty-Fifth Congress, Third Session, 1878-1879, pp.791-795, 795-799, 1264-1276, 1299-1316, 1383-1388.

Vol.9, Forty-Sixth Congress, First Session, 1879, pp.2258-2263.

Vol.13, Forty-Seventh Congress, First Session, 1881-1882, pp.1481-1488, 1515-1523,

1545-1549, 1581-1591, 1634-1646, 1667-1675, 1702-1707, 1707-1717, 1738-1742, 1742-1745, 1745-1754, 1899-1904, 1932-1941, 1973-1977, 1977-1986, 2607-2616, 2967-2974, 3266-3271, 3308-3312, 3351-3360, 3404-3410.

Vol.15, Forty-Eighth Congress, First Session, 1883-1884, pp.3752-3774.

Vol.17, Forty-Ninth Congress, First Session, 1885-1886, pp.4958-4962, 5109-5110.

Vol.19, Fiftieth Congress, First Session, 1887-1888, pp.6568-6754, 7294-7310, 7693-7706, 7746-7759, 8217-8226, 8249-8256, 8296-8303, 8328-8324, 8363-8377, 8450-8456, 8495-8502, 8565-8571.

Appendix to Vol.19, Fiftieth Congress, First Session, pp.416-418, 431-434, 438-444, 446-455, 485-487, 491-494, 594-599.

Vol.23, Fifty-Second Congress, First Session, 1891-1892, pp.2911-2916, 3475-3487, 3522-3533, 3557-3569, 3608-3629, 3869-3879, 3922-3924.

Vol.25, Fifty-Third Congress, First Session, 1893, pp.2420-2425, 2435-2458, 2482-2494, 2495-2500, 2513-2531, 2551-2564, 3040-3054, 3080-3091.

Appendix to Vol.25, Fifty-Third Congress, First Session, pp.226-236, 406-416.

Vol.35, Fifty-seventh Congress, First Session, 1901-1902, pp.3654-3669, 3678-3700, 3716-3719, 3731-3750, 3780-3788, 3805-3809, 3818-3826, 3874-3896, 3932-3943, 3988-3992, 4031-4041, 4088-4107, 4147-4175, 4210-4238.

Vol.38, Fifty-Eighth Congress, Second Session, 1904, pp.5030-5040, 5305-5313, 5413-5420, 5432.

3. Congressional Documents

33rd Congress, 1st Session, 1853-1854:

 House Executive Document No.123, Correspondence of Commissioner to China.

34th Congress, 1st Session, 1855-1856:

 Senate Executive Document No.99, Slave and Coolie Trade.

House Executive Document No. 104, Slave and Coolie Trade.

35th Congress, 1st Session, 1858-1859:

　　Senate Executive Document No. 22, Correspondence of Commissioners to China.

36th Congress, 1st Session, 1859-1860:

　　Senate Executive Document No. 30, Correspondence of Commissioners to China.

　　House Executive Document No. 88, Correspondence on Chinese Coolie Trade.

　　House Report No. 443, Coolie Trade.

37th Congress, 2nd Session, 1861-1862:

　　House Executive Document No. 16, Correspondence on Asiatic Coolie Trade.

38th Congress, 1st Session, 1863-1864:

　　Senate Report No. 15, Encouragement of Immigration.

39th Congress, 2nd Session, 1866-1867:

　　Senate Executive Document No. 2, Report of D. A Wells, Special Commissioner of Revenue.

40th Congress, Third Session, 1868-1869, "Diplomatic Correspondence."

41st Congress, 2nd Session, 1869-1870:

　　Senate Executive Document No. 116, Coolie Trade.

41st Congress, Third Session, 1870-1871, "Treaties and Conventions since July 4, 1776."

42nd Congress, 2nd Session, 1871-1872:

　　House Executive Document No. 1, Foreign Relations, 1871.

　　House Executive Document No. 207, Re-indenture or Re-enslavement of Chinamen in Cuba.

　　House Miscellaneous Document No. 120, Resolutions of California Legislature on Burlingame Treaty.

42nd Congress, 3rd Session, 1872-1873:

House Miscellaneous Document No.81, Pennsylvania Petition against Chinese Laborers.

43rd Congress, 1st Session, 1873-1874:

House Executive Document No.81, Foreign Relations, 1873.

House Miscellaneous Document No.204, Resolutions of California Legislature on Chinese Immigration.

43rd Congress, 2nd Session, 1874-1875:

House Executive Document No.1, Foreign Relations, 1874.

44th Congress, 1st Session, 1875-1876:

House Executive Document No.1, Foreign Relations, 1875.

44th Congress, 2nd Session, 1876-1877:

Senate Report No.689, Joint Special Committee on Chinese.

45th Congress, 1st Session, 1877:

House Miscellaneous Document No.9, Address of California Senate.

45th Congress, 2nd Session, 1877-1878:

Seante Miscellaneous Document No.20, Views of Oliver P.Morton.

Senate Miscellaneous Document No.36, Argument of Joseph C.G.kennedy.

House Miscellaneous Document No.10, Accusations against George F.Seward.

House Miscellaneous Document No.20, Resolutions of California Legislature on Burlingame Treaty.

House Report No.240, Chinese Immigration.

45th Congress, 3rd Session, 1878-1879:

House Executive Document No.1, Foreign Relations, 1878.

House Executive Document No.102, Veto of Chinese Immigration Bill, 1858.

House Report No.62, Chinese Immigration.

House Report No.111, Chinese Immigration.

46th Congress, 2nd Session, 1879-1880:

House Executive Document No. 60, Expatriation and Slavery in China.

House Executive Document No. 70, Diplomatic Correspondence on Chinese Immigration.

House Report No. 5, Depression in Business and Chinese Immigration.

House Report No. 572, Chinese Immigration and Depression.

46th Congress, 3rd Session, 1880-1881:

House Executive Document No. 1, Foreign Relations, 1880.

47th Congress, 1st Session, 1881-1882:

Senate Executive Document No. 148, Veto Message of President Arthur.

Senate Executive Document No. 175, Instruction to United States Minister in China.

House Executive Document No. 1, Foreign Relations, 1881.

House Report No. 67, Chinese Immigration.

House Report No. 1017, Chinese Immigration.

47th Congress, 2nd Session, 1882-1883:

House Miscellaneous Document No. 13, Tenth Census: Population.

48th Congress, 1st Session, 1883-1884:

Senate Executive Document No. 62, Secretary of Treasury on Treaty Stipulations.

House Report No. 614, Chinese Treaty Stipulations.

48th Congress, 2nd Session, 1884-1885:

House Executive Document No. 214, Interpretation of Restrictive Laws.

49th Congress, 1st Session, 1885-1886:

Senate Executive Document No. 103, Fraudulent Importation of Chinese.

Senate Executive Document No. 118, Correspondence on Treaty Rights of Chinese.

Senate Miscellaneous Document No. 107, Memorial of California Anti-Chinese

Convention, 1886.

House Executive Document No. 102, Treaty Stipulation.

House Report No. 2043, In relation to Chinese Restriction.

50th Congress, 1st Session, 1887-1888:

Senate Executive Document No. 115, Treaty Stipulation.

Senate Executive Document Nos. 272 and 275, Treaty Stipulation.

Senate Executive Document No. 273, Approval of Exclusion Bin.

Senate Miscellaneous Document No. 90, Statistics of Arrivals and Departures, San Francisco.

House Miscellaneous Document No. 572, Contract Labor Law.

50th Congress, 2nd Session, 1888-1889:

Senate Executive Document No. 47, Information Concerning Convention with China.

House Executive Document No. 1, Foreign Relations, 1888.

51st Congress, 1st Session, 1889-1890:

Senate Executive Document No. 41, Execution of Exclusion laws.

Senate Executive Document No. 97, Arrivals of Chinese.

Senate Executive Document No. 106, Chinese in Transit.

Senate Miscellaneous Document No. 123, Remonstrance of Board of Foreign Missions, Enumeration of Chinese.

House Report No. 486, Enumeration of Chinese.

House Report No. 1925, Chinese laborers from Canada and Mexico.

House Report No. 2915, Restriction of Chinese Immigration.

51st Congress, 2nd Session, 1890-1891:

House Executive Document No1, Foreign Relations, 1890.

House Report No. 4048, Chinese Immigration, Select Committee.

52nd Congress, 1st Session, 1891-1892:

Senate Executive Document No. 98, Rejection of Henry W. Blair.

Senate Miscellaneous Document No. 67, Report of Datus E. Coon on Chinese.

Senate Miscellaneous Document No. 138, Memorial of Universal Peace Union.

House Executive Document No. 244, Execution of Exclusion Laws.

House Report No. 255, Need of New Exclusion Legislation.

House Report No. 407, Exclusion of Chinese. Minority Report.

52nd Congress, 2nd Session, 1892-1893:

Senate Executive Document No. 54, Diplomatic Correspondence on Chinese Exclusion Laws.

Senate Report No. 1333, Committee on Immigration.

House Executive Document No. 1, Foreign Realtions, 1892.

53rd Congress, 1st Session, 1893:

Senate Executive Document No. 13, Cost of Enforcing Chinese Exclusion Law.

Senate Executive Document No. 31, Extending Time for Registration.

House Executive Document Nos. 9 and 10, Enforcement of Geary Law, 1893.

House Report No. 70, Need of Amending Chinese Exclusion Law.

53rd Congress, 2nd Session, 1893 1894:

Senate Executive Document No. 111, Appropriation for Enforcement of Exclusion Law.

House Executive Document No. 1, Foreign Relations, 1893.

House Executive Document No. 86, Enforcement Costs, 1894.

House Executive Document No. 152, Chinese Registration.

House Report No. 618, Appropriation, Chinese Registration.

53rd Congress, 3rd Session, 1894-1895:

House Executive Document No. 1, Foreign Relations, 1894.

54th Congress, 1st Session, 1895-1896:

House Document No. 372, Amendment of Exclusion Law.

55th Congress, 1st Session, 1897:

Senate Document No. 120, Alleged Illegal Entry of Chinese.

Senate Document No. 167, Alleged Illegal Entry of Chinese.

House Document No. 68, Chinese for Omaha Exposition.

55th Congress, 2nd Session, 1897-1898:

Senate Document No. 182, Amendment of Exclusion Law.

House Report No. 1628, Amendment of Exclusion Law.

55th Congress, 3rd Session, 1898-1899:

Senate Report No. 1654, Extension of Immigration Laws to Hawaiian Islands.

56th Congress, lst Session, 1899-1900:

House Document No. 464, Part l, Foreign Relations, 1899.

56th Congress, 2nd Session, 1900-1901:

House Document No. 464, Extending the Time for Registration in Hawaii.

House Document Nos. 471 and 472, To Strengthen Exclusion Lawa.

House Report No. 2503, To Prevent Smuggling of Chinese.

57th Congress, 1st Session, 1901-1902:

Senate Document No. 106, Arguments against Exclusion.

Senate Document No. 137, Some Reasons for Chinese Exclusion.

Senate Documents Nos. 162 and 164, Wu Ting Fang on Chinese Exclusion.

Senate Document No. 191, For The Reenactment of the Chinese Exclusion
　　　Law ; California Memorial.

Senate Document No. 254, Chinese on American Vessels.

Senate Document No. 281, Chinese on American Vessels.

Senate Document No. 291, Laws, etc., Relating to Chinese Exclusion.

Senate Document No. 292, Petition for Exclusion of Japanese and Chinese.

Senate Document No. 300, Regulations Relating to Chinese Exclusion.

Senate Document No. 304, Exclusion of Chinese Laborers.

Senate Document No. 776, Chinese Exclusion :Hearings before Committee on
　　　Immigration.

House Document No. 1, Foreign Relationss, 1901.

House Report No. 1231, Chinese Exclusion.

58th Congress, 3rd Session, 1904-905:

House Document No. 1, Foreign Relations,1904.

59th Congress, 1st Session, 1905-1906:

House Document No. 847, Enforcement of Chinese Exclusion Laws.

Journal of the Senate, 1850, 1851, 1852, 1853, 1854, 1855, 1856, 1857, 1858, 1860, 1862, 1863-64, 1867-68, 1869-70, 1871-72, 1875-76, 1877-78, 1879-80, 1891, 1893.

Satutes of the State California, 1850, 1851, 1852, 1853, 1854, 1855, 1856, 1857, 1858, 1860, 1861, 1862, 1863, 1863-64, 1865-66, 1867-68, 1869-70, 1875-76, 1877-78, 1880, 1885.

State Senate, Chinese Immigration : Its Social, Moral, and Political Effect. Report of the Special Committee on Chinese Immigration to the California State Senate. Sacramento, 1878.

Los Angeles City Council, *Municipal Reports*, 1893. Los Angeles, 1894.

San Francisco Board of Supervisors, *Municipal Reports*, 1859 60, 1865 66, 1869 70, 1871-72, 1874-75, 1875-76, 1876-77, 1878-79, 1884-85. San Francisco.

Deering, F.P., *The Codes and Statutes of California*. San Francisco, 1885. 4 Volumes.

Hart, Albert, *The Civil Code of the State of California*, San Francisco, 1876.

Hittell, Theodore H., *Supplement to the Codes and Statutes of the State of California*. San Francisco, 1880.

Malloy, William M., *Treaties, Conventions, International Acts, Protocols and Agreements between the United States and Other Powers*, 1776-1909.

Richardson, James D., *A Compilation of the Messages and Papers of the Presidents, 1789-1897*. Washington, 1900. 10 Volumes.

Sawyer, L.S.B., *Reports of Cases Decided in the Circuit and District Courts of the United States for the Ninth Circuit*. San Francisco, 1873-1891. 14 Volumes.

United States Immigration Commission, *Statistical Review of Immigration*, 1820-1910. Senate Document No.756, 61st Congress, 3rd session, 1911.

II. Books

Abbott, Edith, *Historical Aspects of the Immigration Problem*, Select Document, Chicago, 1926.

American Federation of Labor, *Some Reasons for Exclusion*, Washington, 1902.

Anti-Chinese Union, *Constitution and By-Laws of the Anti-Chinese Union San Francisco*, San Francisco, 1876.

Atrout, Cushing, ed., Intellectual History in American 2Vols, New York, Harper & ROW, 1968.

Baker, Edward P., *The Chinese Question*, San Francisco, 1878.

Bancroft, Hubert Howe, *History of California*, San Francisco, 1884-1890, 7 Volumes.

Barth, Gunther, *Bitter Strength : A History of the Chinese the United States*, 1850-1870, Cambridge, Mass : Harvard University Press, 1964.

Beard, Charles A., and Mary., *The Rise of American Civilization*, New York, 1930.

Becker, Samuel E.W., *Humors a Congressional Investigation Committee*, Washington, 1877.

Bee, F.A., *Opening Argument before the Join Committee of the House of Congress on Chinese Immigration*, San Francisco, 1876.

Bennett, H.C., *Chinese Labor*, San Francisco, 1870.

Bill Ong Hing, *To be an American*, N.Y. Univ. Press, N.Y., 1997.

Bill Ong Hing, *Making and Remaking Asian America through Immigration policy, 1850-1990*, Sanford Univ. Press, California, 1993.

Bordnar, John, *The Transplanted, A History of Immigrants in Urban America*, Bloomington, Indiana Univ. Press, 1987.

Brooks, B.S., *Opening Statement before the Joint Committee of Congress On Chinese Immigration*, San Francisco, 1876.

Brooks, B.S., *Brief of the Legislation and Adjudication Touching the Chinese Question*, San Francisco, 1877.

Brooks, B.S., *Appendix to the Opening Statement and Brief on the Chinese Question*, San Francisco, 1877.

Caldwell, Dan, *"The Negroization of the Chinese Stereotype in California"* Southern California Quarterly, 53. Mar., 1971.

Campbell, Persia Crawford, Chinese Coolie Emigration to Countries within the British Empire, London, 1923.

Canada, Royal Commission on Chinese Immigration, *Report of the Royal Commission on Chinese Immigration : Report and Evidence*, 1885.

Chen, Shehong, *Being Chinese, Becoming Chinese American*, Univ. of Illinois Press, Urbana and Chicago, 2002.

Chung, Henry, *The Oriental Policy of the United States*, N.Y. ; Chicago : Fleming H.Revell Co., 1919.

Commons, John R., *Races and Immigrations in America*, New York, 1920.

Commons, *History of Labour in the United State*, New York 1918, 2 Volumes.

Conwell, H., *Why and How : Why the Chinese Emigrate the Means they adopt for the Purpose of reaching America*, Boston, Lee and Shepard, 1871.

Cook. Arthur E., and Nagerty, John J., *Immigrations Laws of the United State*, Compiled and Explained. Chicago, 1929.

Coolidge, Mary Roberts, *Chinese Immigration*, New York, Henry Holt Ani Com., 1909.

Coy, Owen C., *The Genesis of California Counties*, Berkeley, 1923.

Coy, Owen C., and Jones, Herbert C., *California's Constitution*, Los Angeles, 1930.

Daggett, Stuart, *Chapters on the History the Southern Pacific*, New York, 1992.

Daniels, Roger, *The Politics of Prejudice : The Anti-Japanese Movement in*

California and the Struggle for Japanese, Berkeley and Los angeles : University of California Press, 1962.

Daniels, Roger, and H.L Kitano. American Racism : Exploration of the Nature of Prejudice, Englewood Clifts, N.Y. : Prentice Hall, 1970.

Daniels, Roger, ed., Anti-Chinese Violence in North America, N.Y., Arno Press, 1979.

Daniels, Roger, Asian America, Chinese and Japanese in the United States since 1850, Univ. of Washington Press, Seattle, 1988.

Davis, W.J., History of Political Conventions in California, State Library, Sacrament, 1893.

Densmoie, G., The Chinese in California, San Francisco, 1880.

Divine, Rovert A., American Immigration Policy, 1924-1952, New Haven, Conn. : Yale University Press, 1952.

Dixon, William Hepworth, With Conquest, London, 1876.

Dulles, Foster. R., China and American : The Story of Their Relations since 1784. Princeton, NJ. : Princetion University Press, 1946.

Eaves, Lucile, A History of California Labor Legislation with an Introductory Sketch of the San Francisco Labor Movement, Berkerly, 1927.

Erickson, Charlette, American Industry and the European Immigrat, 1860-1885, Cambridge, Mass Harvard Univ. Press, 1959.

Fairbank, John K., The United States and China, Cambridge, Mass : Harvard University Press, 1959.

Fairchild, John K., The United States and China, Cambridge, Mass : Harvard University Press, 1948.

Fairchild, Henry Pratt, Immigration : A World Movement and Its Movement and Its American Significance, New York, 1923.

Farwell, W.B., The Chinese at Home and Abroad, San Francisco, 1885.

Friends of International Right and Justice, How the U.S Treaty with China is observed in California, San Francisco, 1877.

Garis, Roy, *Immigration Restriction : A Study of the Opposition to and Regulation of Immigration Into the United State*, New York, 1927.

Garner, James W., *American Foreign Policies : An Examination and Evalution of Certain Traditional and Recent International Policies of the United States*, New York, 1928.

Gibson, O., *Chinaman or White Man, Which*, San Francisco, 1873.

Gibson, O., *The Chinese in American, Cincinnati*, 1877.

Grimm, Henry, *The Chinese Must Go*, San Francisco, 1879.

Healy, Patrick Joseph, *A Shoemaker's Contribution to the Chinese Discussion*, No date.

Healy, Patrick Joseph, *Reasons for Non-Exclusion*, San Francisco, 1902.

Healy, Patrick Joseph, and Ng Poon Chew, *A Statement for Non-Exclusion*, San Francisco, 1905.

Hittell, Theodore H., *History of California*, 1898.

Hoy, William. *The Chinese Six Companies*, San Francisco : Privately Printed, 1942.

Hunt, Francis L.K., *Americans and Chinese : Two Ways of Life*, New York : Schuman, 1953.

Hunt, Rockwell D., California and Californias, Chicago, 1926.

Hunt, Rockwell D., and Ament, William Shetfield, *Oxcart to Airplane*, Los Angeles, 1929.

Hyung-Chan Kim, *A Legal History of Asian America, 1790-1990*, Connecticut, Greenwood Press, 1994.

Isaacs, Harold, *Scratches on Our mind : American Images of China and India*. New York : John Day, 1958.

Izumi Hirobe, *Japanese Pride, American Prejudice*, Stanford Univ. Press, California, 2001.

Jenks, Jeremiah W., Lauck, W.Jett, and Smith, Rufus D., *The Immigration Problem.*

A Study of American Immigration Conditions and Needs, New York, 1926.

Kerr, J.G., *The Chinese Question Analyzed*, San Francisco, 1877.

Kibria, Nazli, *Becoming Asian American*, The Johns Hopkins Univ. Press, 2002.

Knovitz, Milton Ridvas, *The Alien and the Asiatic in American Law*, Ithaca, N.Y.: Cornell University Press, 1946.

Lai Chun Chuen, *Remarks of the Chinese Merchants of San Francisco, upon Governor Bigler's Message*, San Francisco, 1855.

Layres, Augustus, *Both Sides of the Chinese Question*, San Francisco, 1886.

Lee, Calvin, *Chinatown, U.S.A.* New York : Double day, 1965.

Lee Rose Hum, *The Chinese in the United States of America*, Hong Kong : Hong Kong University Press, 1960.

Liu, kwang Ching, *Americans and Chinese Cambridge*, Mass : Harvard University Press, 1963.

Lobcheid, W., *The Chinese : What They and What They Doing*, San Francisco, 1873.

Lum, William Wong, Comp. *Asians in America*, University of California, 1970.

Lyman, Stanford M., *The Structure of Chinese Society in Nineteenth Century America*, University of California, Berkeley, 1961.

Mayo-Smith, Richmond, *Emigration and Immigration*, New York, 1890.

McClellan, Robert. *The Heathen Chinese : A Study of American Attitudes toward China, 1890-1905*, Columbus : Ohio State University Press, 1971.

Mckenzie, Roderick D., *Oriental Exclution : The Effect of American Immigration Laws, Regulation, and Judicial Decision upon the Chinese and Japanese on the American Pacific Coast*, Chicago, University of Chicago Press, 1928.

McMaster, John Bach, *A History of the People of the United States, from the Revolution to the Civil War*, New York, 1883-1913, 8 Volumes.

Meade, Edwin R., *The Chinese Question*, New York, 1877.

Mears, Eliot Grinnell, *Resident Orientals on the American Pacific Coast : Their Legal and Economic Status*, New York, 1927.

Mein, Charles Stuzrt, *Speeches on the Chinese Question. Delivered in the Legislative Council of Queensland*, July 4 and 11, 1877.

Miller, Stuart Creighton, *The Unwelcome Immigrant : The American Image of the Chinese, 1785-1882*. Berkeley and Los Angeles : University of California Press, 1969.

Morse, Hosea Ballou, *The International Relations of the Chinese Empire*, London, 1918, 3 Volumes.

Pro-Chinese Minority, *To the American People, President and Congress*. Dec. 26.

Representative Assembly of Trades and Labor Unions of the Pacific Coast, *An Appeal from the Pacific Coast to the Workingman and Women of the United States*, 1881.

Republican State Central Committee, *Petition to President Arthur on the Chinese Question*, 1882.

Rhodes, James Ford, *History of the United States from the Compromise of 1850 to the Mckinley-Bryan Campaign of 1896*, New York, 1920.

Riggs Fred, *Pressures on Congress*, New York : King' s Crown, 1950.

Roberts, W.K., *The Mongolian Problem in America*, San Francisco, 1906.

Ryer, Washington M., *The Conflict of the Race*, San Francisco, 1886.

Salyer L.E., *Laws Harsh as Tigers*, Univ. of North California Press, Chapel Hill, NC, 1995.

Sandmeyer, E.C., *The Anti-Chinese Movement in California*, University of Lllinoise Press, Chicago, 1973.

Sawyer Lorenzo, and Hoffman, Ogden, *Right of Chinese*, March 22, 1880.

Saxton, Alexander, *The Indispensable Enemy Anti-Chinese Movement in California*, Berkeley and Los Angeles : University of California Press, 1971.

Saxton, Alexander, *Race in the Mind of American*, New York : Halt, Rinehart and Winston, 1970.

Schlesinger, Arthur Meier, *Political and Social History of the United States, 1829-1925*. New York, 1928.

Seward, George F., *Chinese Immigration, in Its Social and Economical Aspects*, New York, 1881.

Shen Tso-Chien, What *"Chinese Exclusion Really Means. N. Y.": China Institution in America*, 1942.

Six Chinese Companies : *Memorial of the Six Chinese Companies : The Testimony of California's Leading Citizens before the Joint Special Congressional Committee*, San Francisco, 1877.

Sparks, Edwin Erle, *National Development, 1877-1885*, New York, 1907.

Speer, William, *The Oldest and the Newest Empire, or China and the United States*, Hartford, 1870.

Speer, William, *An Answer to the Common Objections to Chinese Testimony ; and an Earnest Appeal to the Legislature of California for their Protection by Law*, San Francisco : Chinese Mission House, 1857.

Speer, William, *"China and California : Their Relations Past and Present"*, San Francisco : Marvin and Hitchick, 1853.

Starr, M.B., *The Coming Struggle ; or What the People on the Pacific Coast Think of the Coolie Invasion*, San Francisco : Bacon, 1873.

Stephenson, George M., *A History of American Immigration, 1820-1924*, Boston : Ginn., 1926.

Stidger, Oliver P., *The Immigration Law of 1924 as It Affects Persons of Chinese Descent in the United States : Their Business Interests, Their Right and Their Privileges, San Francisco*, Calif : Chinese Chamber of Commerce, 1924.

Stout, Arthur B., *Chinese Immigration and the Physiological Cause of the Decay of a Nation*, San Francisco, Agnew and Defflback, 1862.

Sung, Betty Lee., *Mountain of Gold*, New York : Macmillan, 1967, New York :

Collier Books, 1971.

Swinton, John., The New Issue : *The Chinese American Question*, N.Y. : American News, 1870.

Swisher, Carl Brent, *Motivation and Political Technique in the California Constitutional Convention, 1878-1879*. Casemont, 1930.

Tien-Lu Li, *Congressional Policy of Chinese Immigration ; or Legislation Relating to Chinese Immigration to the United States*, Arno Press, N.Y., 1978.

Tung, Willian L., *The Chinese in America, 1820-1973*, N.Y., Oceana Publications, INC., 1974.

Tyler, Alice Felt, *The Foreign Policy of Games G. Blaine*, Minneapolis, 1927.

United Brother of California, *Constitution and By-Law of the United Brother of California*, San Francisco, 1876.

Varg, Paul A., *The Marking of a Myth : The United States and China, 1879-1912*. East Lansing : Michigan, 1980.

Varg, Paul A., *Missionaries, Chinese and Diplomats, The American Protestant Missionary Movement in China, 1890-1952*, Princeton, NJ. : Princeton University Press, 1958.

Virginia Yans-Mclaughlin, *Immigration Reconsidered*, N.Y., Oxford Univ. Press, 1990.

Walsh, Henry L., *Hallowed were the Gold Dust Trails*, Santa Clara, California University of Santa Clara Press, 1946.

West, Henry J., *The Chinese Invention*, San Francisco, 1873.

Williams, Frederick Wells, *Anson Burlingame and the First Chinese Mission to Foreign Power*, New York, 1912.

Williams Maw Floyd, *History of the San Francisco Committee of Vigilance of 1851*, Berkeley, 1921.

Williams, S. Wells., *Chinese Immigration A Paper Read before the Social Science Association of Saratoga*, September 10,1879. N.Y. : C. Scribner's Sons,

1879.

Williams, S. Wells., *Treaties between China and the United States New Englander*,
v.38, 1879.

Wong, Jade Snow, *Fifth Chinese Daughter*, New York : Harper, 1950.

Wong K.S. and Chan Sucheng, *Claiming America*, Temple Univ. Press,
Philadelphia, 1998.

Wynne, Robert Edward, *Reaction to the Chinese in the Pacific Northwest and
British Columbia*, 1850-1910, Arno Press Inc., 1978.

III. Articles and Periodicals

Sacramento Record-Union, 1871.

San Francisco *Daily Alta California*, 1850-1891.

San Francisco *Evening Bulletin*, 1855-.

San Francisco *Morning Call*, 1856-.

San Francisco *Chronicle*, 1865-.

San Francisco *Evening Post*, 1865-.

Bacon, Thomas R., "*The Railroad strike in California*", *Yale Review*, III, November,
1894, 241-250.

Bailey, Thomas A., "California, Japan, and the Alien Land Legislation of 1913",
Pacific Historical Review, I, 1932, 36-59.

Barth, Gunther P., "Chinese Sojourners in the West : The Coming", *Southern
California Quarterly*, 46, March, 1964, 55-67.

Carranco, Lynwood, "Chinese Expulsion from Humboldt Country", *Pacific
Historical Review*, 30, Nov., 1961.

Char Tin Yuke, "Legal Restrictions of Chinese in English-Speaking Countries of the

Pacific," *Chinese Social and Political Science Review*, XVI, Jan., 1933, 472-513.

Char Tin Yuke, "Chinese and Japanese in America." *Annals of the American Academy of Political and Social Science,* XXXVI, Sep., 1909, 1-203.

Choy, Philip P., "Golden Mountain of Lead : The Chinese Experience in California", *California Historical Quarterly*, 50, Sep., 1970.

Chu, George, "Chinatowns in the Delta : The Chinese in the Sacramento- San Joaquin Delta, 1876-1960", *California Historical Quarterly*, 50 Mar., 1970.

Cole, Arthurc, "Nativism in the Lower Mississippi Valley," *Proceedings of the Mississippi Valley Historical Association*, 1912-1913, 258-275.

Crane, Paul, and Alfred Larson, "The Chinese Massacre", *Annals of Wyoming*, 12, Jan., Apr., 1940.

Daniels, Roger, "Westerners from the East", Oriental Review, Nov., 1966, 373-383.

Dennett, Tyler, "Seward' s Far Eastern Policy," *American Historical Review*, XXIVI, 45-62, October, 1992.

Dorland, C.P., "Chinese Massacre at Los Angeles in 1871," Annual Publications, *Historical Society of Southern California*, Vol, pad 2, Los Angeles, 1894, 22-26.

Dunning, William A., "Truth in History," *American Historical Review*, VIIX, January, 1914, 217-229.

George, Henry, "The Kearney A Station in California," *Popular Science Monthly*, XVIII, 433, August, 1880.

Goodenough, S., "Foes of Labor," *California Review*, October, 1893, 34-40.

Hansen, Marcus L., "The History of American Immigration as a Field for Reserch," *American Historical Review*, XXXII, Apr., 1927, 500-518.

Ho Yow, "Chinese Exclusion : North American Review, CL XXIII, Sep., 1901, 314-330.

Karlin, Jules A., "The Anti-Chinese Outbreaks in Seattle," *Pacific Northwest*

Quarterly, 39, Apr., 1948, 103-130.

Kauer, Ralph, "The Workingmen' s Party of California," *Pacific Historical Review*, 13, Sep., 1944, 278-291.

Lasker, Bruno, "Come in But Close the Door Behind You : Chinese Exclusion in the United States", *Pacific Affairs*, XVI, Sep., 1943, 344-347.

Locklear, William R, "The Celestials and the Angels", *Southern California Quarterly*, 42, Sep., 1960, 239-254.

Magee, Thomas, "China' s Menace to the World," *Forum*, X, Oct., 1890. 197-206.

Mann, Arthur, "Gompers and the Irony of Racism," *Antioch Review*, 13, Jun., 1953, 203-214.

Mansfield, Edwin D., "The Chinese Question in the United States," *The International Review*, III, Nov-Dec., 1876. 833-841.

Medhurst, Sir Walter, "The Chinese as Colonists", *The Nineteenth Century*, Sep., 1878, 517-527.

Miller, John F., "Certain Phases of the Chinese Question", *The Californian*, I, Mar., 1880, 237-242.

Moon, Robert W., "The Contribution of Minority Races to California History", *Proceedings of the Second Conference of California Historical Societies*, 1956.

Morley, Charles, "The Chinese in California as Reported by Henry Sienkiewicz", *California Historical Society Quarterly*, 34, Dec., 1955.

North, Had H., "Chinese and Japanese Immigration to the Pacific Coast", *California Historical Society Quarterly*, 28, Dec., 1949.

Olin, Spencer C.Jr., "European Immigrant and Oriental Alien : Acceptance and Rejection by the California Legislature of 1913", *Pacific Historical Review*, XXXV, Aug., 1966, 303-316.

Olmstead, Roger, "The Chinese Must Go !", *California Historical Quarterly*, 50, Sep., 1970, 285-294.

Paul, Rodman W., "The Origin of the Chinese Issue in California", *Mississippi Valley Historical Review*, 25, Sep., 1938, 181-196.

Phelan, James D., "Why the Chinese Sould Be Excluded", *North American Review*, CL XXIII, Nov., 1901, 663-676.

Pitt, Leonard, "The Beginnings of Nativism in California", *Pacific Historical Review*, 30, Feb., 1961, 23-38.

Pyau Ling, "Causes of Chinese Emigration", *Annals of the American Academy of Political and Social Science*, XXXIX, Jan., 1912, 74-82.

Rodecape, Lois, "Celestial Drama in the Golden Hills : The Chinese Theater in California, 1849-1869", *California Historical Society Quarterly*, 23, Jan., 1944, 97-116.

Rowland, Donlad, "The United States and the Contrast Labor Question in Hawaii, 1862-1900", *Pacific Historical Review*, 2, Aug., 1933, 249-169.

Rudolph, Frederick, "Chinamen in Yankeedom : Anti-Unionism in Massachusetts in 1870", *American Historical Review*, 53, Oct., 1947, 1-29.

Sandmeyer, Elmer Clarence, "California Anti-Chinese Legislation and the Federal Courts A Study in Federal Relations", *Pacific Historical Review*, V, 1936, 189-211.

Saxton, Alexander, "The Army of Canton in the High Sierra", *Pacific Historical Review*, 35, May, 1966, 141-152.

Seager, Robert, "Some Denominational Reactions to Chinese Immigration to California, 1856-1892", *Pacific Historical Review*, 28, Feb., 1959, 49-66.

Stephenson, George M., "Nativism in the Forties and Fifties, with Special Reference to the Mississippi Valley", *Mississippi Valley Historical Review*, XI, Dec., 1922, 185-202.

Taylor, Pauls, "Foudations of California Rural Society : Should Measures be Taken to Imporst or to Restrict Chinese Immigrants." *California Historical Society Quarterly*, XXIV, Sep., 1945, 202-226.

Utters, David N., "The Chinese Must Go", *The Unitarian Review,* XII, July, 1879, 48-56.

Wellborn, Mildred, "Events Leading to the Chinese Exclusion Acts", Annual Publications, *Historical Society of Southern California,* IX, 49-58.

Wheaton, Donald W., "Spotlights on the Political History of California from 1887 to 1898", *California Historical Society Quarterly,* V, Sep., 1926, 282-288.

Yan Phou Lee, "The Chinese Must Stay", *North American Review,* CXL VIII, Apr., 1889, 476-483.

IV. Unpublished Ph D. Dissertations

Guida, Anthony, "Thomas F. Bayard and the Abortive Chinese Immigration Treaty of 1888", Unpublished Ph. D. dissertation, Georgetown Univ., 1961.

Lyman, Stanford M., "The Structure of Chinese Society in Nineteenth Century America", Unpublished Ph. D. dissertation, Univ. of California, Berkeley, 1961.

Somma, Nicholas A., "The Knights of Labor and Chinese Immigration", Unpublished M.A. thesis, Catholic Univ., 1952.

Thompson, Richard A., "The Yellow peril, 1890-1925", Unpublished Ph. D. dissertation, Univ. of Wisconsin, 1958.

Wilson, Arlen Ray, "The Rock Springs, Wyoming, Chinese Massacre, 1885", Unpublished M.A. thesis, Univ. of Wyoming, 1967.

Zo, Kil Young, "Chinese Emigrations into the United States, 1850-1880", Unpublished Ph. D. dissertation, Columbia Univ, 1971.

ABSTRACT

A Study on the America Policy for the Chinese Immigrants in the United States of America(1880-1904)

Kim, Nam Hyun

It is widely acknowledged that the large population of America is chiefly made of immigrants.

In this sense, Studies concerning the Chinese immigration have been considerably advanced by such scholars as G.Barth, S.Miller, A.Saxton, E.C. Sandmeyer, R.Daniels based on these studies, the thesis aims at explicating the Chinese Exclusion Act. To this purpose, it would be prerequisite to analyze the Chinese- America treaties and the American Acts founded by two countries. The time span of the years 1880-1904 in this study is the most important period in the history of the Chinese immigration in America. The beginning of this period marks the treaty of 1880 which aimed to restrict, regulate, and suspend the increase of the Chinese immigration. And the Act of 1904 put an end to the controversies of the Chinese immigration in the congress. It goes without saying that during these 25 years, these were many diplomatic disturbances as well as extreme confrontations between two nations.

The thesis dealt with the following problems : the Burlingame Treaty featuring the backgrounds before the Treaty of 1880 and the suppression measure by the State Act and City Ordinance, the demand of legislation resulting in the treaty of 1880, the Chinese Exclusion Act of 1882 based on the Treaty of 1880, the Scott Act of 1888, the Geary Act of 1892 and the McCreary Amendment of 1893, the Treaty of 1894, and the process of enforcement from restriction to prohibition by the Acts of 1902 and 1904, and the enlargement of the areas of prohibition.

In this study, all these problems are considered from the point of the legal and political interrelationships. In fact, the legislation of the Chinese Exclusion Act has become a crucial milestone in the history of American immigration laws in that it acknowledged the office racial discrimination in the American immigration policy. In a country like America where the racial problems have always been the perennial issue, the immigration problems are of second importance significance next to the civil war.

The Chinese began to flow into America when the discovery of mines in 1848 and the construction of the Pacific Railroad in 1865 had accelerated the demand for labor power, and showed a rapid increase in numbers in 1870's. Meanwhile, there appeared in grave phenomena of the ever growing nonemployment and the reduction of wages due to depression, and they believed the Chinese immigrants were to blame for the factors of discontent. The result was a series of movements to discriminate, limit, and oppose the Chinese immigrants, going contrary to the illusion of the first immigration. The California equipped with the local measures tried to regulate and restrict the Chinese with no effective results.

Consequently, they appealed to the national government. One of the main obstacles in regulation, restricting the Chinese in the local area was the Burlingame Treaty. The anti-Chinese Groups began with petitions for the abligation or modification of the Burlingame Treaty, and bore the result of the Treaty of 1880 which was a revised version of the Burlingame Treaty. Through this treaty draft the Chinese Exclusion Act of 1882, America had promised before a virtual friendship and justice in making the law according to the treaty, but this act was made before the election of the state congressmen in 1882 which the labourers for the first time inhaled the attentions of the politicians. Accordingly during the following twenty years, six other acts were passed and two treaties were negotiated.

All these acts were intended to enforce more inclusive and effective prohibition that limit the coming of the Chinese labourers, and the application of the acts was expanded to the islands besides the mainland, thus becoming more harsh and obstinate.

As a result, through these Chinese Exclusion Act of 1880-1904, the following we can induce the following conclusion.

First, the backgrounds of the legislation and the pass of the Chinese Exclusion Act call for the understanding of not only the racial, economical aspects but also the political implications in that all but the McCreary Act among six bills were drafted and passed before the elections of the state congressmen or the presidential election.

Second, the state acts and the city ordinance were declared to the constitution before the legislation of the Chinese Exclusion Act. Eventually it exerted only a limited effectiveness, but before that declaration, they already discriminated, regulated, and restricted the Chinese, so that it could be considered the restricting phase which was the preliminary step of the prohibition or suspension.

Third, the focuses of the initial disputes in the Exclusion Act were on the period of the suspension and the definition of labourers, but assuming that as a fait comply, the provision of the unlimited prohibition according to the registration and the witness of the labourers together with the expansion of the application, it became more stern and obstinate.

Fourth, the legislation of the Chinese Exclusion Act testifies the nullification of the American ideal which features the haven of the oppressed people in that it officially acknowledged the racial discrimination in the American immigration policy.

09
찾아보기

1

1858년 조약   16, 26, 128
1868년 조약   39
1880년 조약   14, 181, 188
1882년 조약   139
1884년 법   119
1884년 수정법   116
1888년 조약   155, 189, 190
1892년 법   165
1894년 중미 조약   176, 190
1902년 법   180, 186
1904년 법   14

ㄱ

가랜드   94
가방 제조자   74
가필드   89, 96

감상주의   83
강압정책   20
강주회관   61
개인의 등록   100
개항장   33
거류증   141, 191
거류증명서   143, 146, 152, 153, 161, 162, 175, 189
거부권   53, 85, 105, 188
거부 메시지   100
거주증명서   179
검역관   48
격리학교법   43, 46
결의문   30
결의안   78, 89, 142, 143, 161, 175
계약노동자   21, 29, 32, 34, 62, 83, 86, 99
계약당사자   137
고등법원   44

고용인 74, 112
골드 러시 26
공간사용령 43, 51, 53
공동 위원회 31
공민권 54
공민법 50, 53, 55
공사 15, 22, 128, 137
공적 불법방해 49
공화당 39, 40, 56, 75, 82, 83, 84, 89,
        90, 95, 96, 99, 101, 102, 105,
        134, 140
공화당의원 85
공화당 행정부 85
과달루페 이달고 44
관할권 181
광부 74
광부세 46, 187
광부세법 43
교육과 노동위원회 30, 81
구두증명 139
구두 호소 74
국가 제한법 68
국무성 20, 31, 83, 86, 113, 123, 126,
        129, 134, 137, 138, 155, 156,
        160, 171, 174, 176, 177
국무장관 19, 22, 24, 38, 86, 109,
        118, 123, 126, 129, 130, 131,
        136, 142, 155, 156, 158, 159,
        160, 166, 175, 189
국세청장 146
국적소유자 132

국회문서 14
국회의사록 14
귀국증 121
귀국증명서 131, 141, 168, 170
귀화 24, 108, 130
귀화위원회 144
귀화조항 24
귀환 137, 141, 143
귀환증명서 122, 126, 131, 175
그란트 24, 69
그레샴 156, 160, 166
그린 110
글로버 91, 94, 96
금광의 발견 28, 187
금지 36, 181
금지규정 166
금지법 106
금지주의 99
기능공 103
기선회사 109
기어리 144, 147, 154, 155, 163, 164
기어리법 156, 158, 159, 160, 161,
        162, 163, 189

ㄴ

나이아가라 109
남북전쟁 9, 14, 55, 90, 128
네바다 65, 73, 76
넬슨 111, 116
노동단체 57

노동당 11, 29, 71, 74, 75, 77
노동문제 192
노동시장 34
노동자란 용어 108, 132, 161, 162,
174
노동자 연맹 72
노동자의 입국 금지 41
노동자의 정의문제 41, 190, 191
노스캐롤라이나 77
노예노동자 83
농민공제조합원 70
농장노동자 74
뉴욕 76, 78, 109, 110, 113, 157, 163
뉴욕 글로브 140
뉴욕 월드 140
뉴우올리안스 142
뉴잉글랜드 95, 97, 98

ㄷ

담배제조업 28
대륙 횡단 철도 109
대사 125, 170, 171
대체결의안 78
대체안 101, 143, 150, 151, 178, 179
대통령 24, 30, 31, 38, 39, 69, 77, 78,
81, 83, 84, 85, 86, 89, 96, 99,
100, 101, 103, 105, 108, 116,
124, 127, 131, 134, 138, 141,
149, 155, 159, 162, 165, 167,
184, 188, 189

대통령선거 82, 84, 139, 141, 144,
191
던넬 98
데이 71
데이비스 149
덴비 125, 128, 136, 137, 170, 171
델라워어 164
도스 95
돌프 132, 148, 149, 152, 154, 165
동부의원 77
동화 9, 24, 62, 79, 83
등기부 92
등록제 107, 108
디트로이트 109

ㄹ

라이스 99, 111, 118
라틴아메리카 44
램 114
랩함 103
런던 134
로드 98
로빈슨 98
로스앤젤레스 74
로웰 111, 116
로지 184
로취 78
록 스프링 122
루이지애나 76
리드 15

리차드슨 98

ㅁ

마닐라 176
만장일치 141
말레이인 174
매사추세츠 76, 78, 95, 111, 118,
　　　164, 184
매춘부 29, 32, 34, 51, 86, 99
맥그리리 134, 161, 162, 163, 165,
　　　166, 173
맥그리리법 174, 191
맥클루어 99
메인 76, 82, 83
멕시코 44, 142
면책계층 121, 127
면허료 53
모건 82, 101, 103, 133, 150, 152
모로우 143
모튼 78, 80
몬태나 65, 150
몽골계 50, 52, 155
몽골인 24, 46, 69, 182
무어 99
무역 대리인 22
무제한 이민 28, 85
미국 공사 17, 18, 25, 31, 38, 136
미국노동총연맹 177
미국 대사 125, 134, 136
미국 세관 92

미국 영사 122
미국의회 23
미국화 9
미네소타 149
미드 78
미시간 109
미시시피 134, 147
미첼 78, 133, 151, 167, 177, 178
민족주의 역사가 12
민주당 40, 55, 56, 75, 78, 82, 84, 85,
　　　89, 97, 99, 102, 105, 133, 140,
　　　144
밀러 12, 91, 93, 94, 107, 113, 116

ㅂ

바네스 84
바스 12
바틀릿 163
반중국인연합회 69
반쿠울리 크럽 62
배상금 128, 131
배척 조항 65
백악관 140
백인 증인 153, 154, 163, 190
뱅크로프트 12
버넷 10
버몬드 95
버터워스 98, 99
벌금형 104
벌린게임 17, 18, 19

벌린게임 수정 조약 27
벌린게임 조약 11, 13, 17, 21, 25, 26,
　　　27, 29, 30, 31, 34, 35, 38, 39,
　　　41, 49, 50, 53, 55, 56, 65, 75,
　　　77, 81, 82, 83, 84, 85, 86, 87,
　　　89, 108, 187, 188
범죄사례 116
범죄인 32, 34, 50, 99
법무장관 109, 142
베리 101
베이어드 93, 101, 123, 126, 129,
　　　130, 131, 136
벽돌 제조자 74
변발령 43, 51, 53
병자 29, 32, 34, 86
보안관 115
보호주의 192
부녀자법 43, 49
부루스터 109
부스 81
북경 18, 25, 31, 32, 33, 38, 125, 136,
　　　170
불법행위 127
불평등조약 16
브라운 19, 20, 22, 95, 97, 99, 106
브라이언트 48
브룩 28
브리티시 콜롬비아 130
블레인 83
비글러 10, 18
비동화 123, 148
비준서 129, 130, 131, 167

ㅅ

사망증명서 48
사설 고문단 140
사젠트 77, 78, 79, 81, 83, 85, 185
사회조직체 192
산타글라라 73, 74
삼읍회관 60
상원 19, 79, 82, 83, 84, 91, 93, 97,
　　　98, 102, 103, 131, 132, 133,
　　　134, 135, 136, 142, 143, 148,
　　　149, 150, 152, 154, 164, 165,
　　　170, 171, 174, 177, 178, 179
상원법안 91, 97, 101, 124, 149, 178
상원수정안 139
상원의원 44, 77, 78, 81, 82, 83, 85,
　　　91, 93, 94, 95, 96, 97, 100,
　　　101, 108, 113, 115, 116, 132,
　　　133, 135, 136, 140, 141, 148,
　　　149, 150, 151, 152, 153, 154,
　　　164, 165, 177, 178, 184
상호등록 170
상호주의 84
상호특권 23
새크라멘토 29, 58, 73, 74, 79
색슨 13
샌더스 150
샌드 로트 71, 77
샌드마이어 13
샌프란시스코 20, 28, 48, 49, 50, 52,
　　　53, 58, 59, 67, 69, 70, 71, 72,
　　　73, 75, 79, 109, 110, 111, 113,

116, 117, 118, 123, 126, 127, 128, 141, 142, 147, 156, 160, 177

샌프란시스코 항구 91

샤스타 45

샤스타 리퍼블리컨 18

서명 74, 99, 134

서부의원 77

서인도제도 142

선거경쟁 77

선거권 24

선장 133

선주 44, 92, 104, 110, 125, 145

성명서 72

세관 68

세관원 92, 104, 112, 113, 116, 117, 133, 145, 146, 167, 168, 176

세출위원회 181

세탁소 53, 70

세탁업자 74

센트럴 퍼시픽 10

서먼 98, 100, 136, 141, 149, 152, 153, 154

속령 177

솔버그 93

수입관세 128

수정법 24, 100, 116, 117, 121, 143, 165, 166

수정법안 114, 160

수정안 97, 99, 131, 132, 148, 151, 154, 163, 174, 178, 179, 181, 184

수정헌법 제5조 157

수정헌법 제14조 11, 67, 163

숙련과 미숙련 103, 105, 108, 132, 162, 183

숙련과 미숙련 노동자 96

숙박주택령 52

순아메리카주의 82

쉬프트 33

스미스 22

스코트 134, 135, 140, 141

스코트법 141, 142, 143, 151, 170, 171, 189, 190

스콰이어 150

스크랜튼 98

스페인 33, 175

스피어 99

슬래터 94

슬리퍼 제조자 74

시드니 110

시민권 105

시애틀 110, 123

시워드 17, 19, 31, 34, 35, 38, 86, 87

시위행진 74

시 조례 11, 43, 51, 54, 55, 56, 67, 187, 191

시카고 89

신발제조업 28

신분증명서 119, 124, 125, 135, 170

신원증명서 132, 173, 185

신이민 9

썰리반 113, 116, 117

쏘이어 67, 110

ㅇ

아더 38, 105
아르거노트 118
아르칸소스 94
아메리카주의 96
아이다호 65, 76
아일랜드 11, 55
아편전쟁 16
알라바마 133
알래스카 182
애로우호 사건 16
애리조나 65
애쉬톤 156, 162
앨라바마 150
앨보드 53
앵겔 17, 33
앵겔 위원징 108
앵겔 위원회 27, 33, 39, 40, 87, 188
양화회관 61
어부세 187
어윈 63, 69
에드먼스 93, 95, 97, 103
에반스 111
에버트 86
엘 도라도 73
엘리바마 101
여권 107, 108
여행자법안 31, 75, 82
연방법원 54, 55, 67, 97, 105, 116,
        143, 146, 182, 188
연방법정 179

연방의회 14, 25, 29
연방재판소 179
연방정부 11, 30, 57, 188, 191
연방판사 179
영사 22
영사관 92, 121
영양회관 59
오레곤 65, 76, 91, 94, 149, 151, 163,
        165, 167, 177
오스 98
오스카 핸들린 4
오스트레일리아 44
오크랜드 20, 71, 74
오티스 176
오하이오 136, 141, 149
올림피아 123
와슨 111
와싱턴 19, 22, 38, 57, 65, 100, 126,
        129, 131, 138, 139, 150
와이오밍 122
와일드먼 180
와튼 155
외교관 133
외교관계위원회 82, 91, 100, 102,
        114, 132, 136, 143, 144, 148,
        151, 161, 162, 178
외교대표 22
외교사절 19
외국인규제법 44
외무부 131, 136, 137
요리사 74
위반자 115

위생법 43, 48
위조 증명서 104
위헌 논쟁 189
위헌판결 11, 43, 50, 53, 54, 55, 56,
        67, 68
월리스 30, 81, 99, 101, 102
월리암스 19, 25, 99
월리엄 22
월슨 78
유바 73
유색인종 47
6대 중화회관 58, 59, 62, 78, 157,
        192
육체노동자 162
의회 특별위원회 46
의회연합조사위원회 78, 80
이교도 98
이명후 60
이민 문제 20
이민 정책 13, 14
이민제한주의자 56
이상집 61
이율배반적인 정책 192
이자균 61
이주자 12
인구조사특별위원회 142
인두세 187
인디애나 78
인디언 46, 55
인민보호연맹 72
인신 보호문서 146

인신보호증 122
인종 배타 9
인종문제 14
인종주의 192
인종차별주의 13, 191
인종편견 44, 191
인화회관 61
일리노이 134, 139, 147, 165, 181,
        184
일반주의 83
일본계 50
일본인 174
일사부재리의 원칙 100
입국 금지 117
입국중지기간 137
입법요구 27
입법제정 29
입법조치 11
입법화 63, 75
입법회의 81
잉겔 108
잉겔스 97

ㅈ

자경단 44, 71
자유 이민론 17
자유 재량권 33
자유특권 22
재무부 110, 111, 113, 116, 117, 121,
        142, 143

재무부장관 173, 174, 178, 183

재무장관 92, 109, 113, 133, 146, 153

재제정 149, 151, 177, 181, 182

잭슨 135

적용지역의 확대 191

전권대사 131, 166

전염병 48

정당강령 54, 56

정부구호대상자 50

정책 일관성 107

정치적 세력 87

제정권 133

제한 13, 36, 37, 55, 87, 118, 166,
    187, 188, 191

제한법 30, 54, 85, 93

조례 51, 52, 53

조약교섭 19, 22

조약수정 19

조약수정안 37

조약의 위반 99, 157

조약의 폐지, 수정 26

조약 체결권 84

조약 폐지권 84

조오지아 95

조이스 106

주법 11, 43, 54, 55, 66, 67, 191

주 법원 55, 97, 105, 146

주 선거 191

주 의회 10, 24, 25, 29, 30, 45, 46, 49,
    50, 65, 66, 67

주 정부 191

주중대사 86

주중미공사 19, 20

주지사 10, 18, 20, 63, 67, 69

준주 177

중국계 50

중국계 후손 148, 177, 182, 183

중국 공사 33, 38

중국 대사 100, 101, 123, 126, 129,
    131, 138, 142, 147, 156, 158,
    159, 160, 166, 174, 176, 179,
    189

중국 사절 19, 20

중국 영사 110, 121, 128, 137, 168,
    176

중국 위원회 108

중국 이민 9, 10, 12, 13, 16, 25, 27,
    33, 34, 39, 43, 91, 144, 150

중국 이민 금지법 87, 177, 182, 184

중국 이민 문제 11, 14, 21, 63, 76,
    77, 81, 89, 90, 165, 173, 174,
    184, 188

중국 이민 반대집회 64

중국 이민사 14

중국인 금지의 이유 177

중국인 노동력 10

중국인 노동자 25, 36, 37, 41, 71, 72,
    91, 92, 93, 95, 103, 104, 105,
    110, 117, 124, 125, 126, 127,
    130, 134, 135, 137, 142, 143,
    152, 153, 154, 155, 157, 160,
    161, 166, 167, 168, 169, 175,

178, 180, 188, 189, 191
중국인 반대감정 25, 71, 78, 89, 122
중국인 반대세력 13
중국인 반대운동 10, 11, 12, 13, 71,
78
중국인 선원 110
중국인 선입견 11
중국인 승객 124
중국인 연맹 157
중국인 이민관련 6개의 법안 191
중국인 이민금지법 109, 121, 189,
191
중국인 입국금지법 175
중국인 입국금지 법안 82, 152
중국인 제한운동 44
중국인에 대한 반대감정 20, 26
중국인에 대한 적대감정 23
중국인의 등록 191
중국인의 악폐 40
중국 제국 19
중국 황제 18, 83, 182
중미 조약 13, 28
중지 36, 37, 55, 87, 118, 166, 181
중지기간 191
중화회관 45
증언 58
증인의 규정 191
지방검역관 49
지방관헌 33
지방법령 187
지방법원 53, 182, 183

지방법정 179
지역적인 세력 87
진양곡 59
진영주 61
진정서 124, 161
진흥소 61
집회 74

ㅊ

차별 13, 55, 187, 188, 191
차이나타운 70
처벌규정 110
철도건설 21
철도회사 109
청원서 30, 58, 124, 161, 170, 177
청일전쟁 171
체재자 12
초트 162
총영사 126, 156, 160, 180
최고사절 19
최혜국 시민 23, 37, 38, 111, 129,
130, 169
최혜국 조항 23, 24
추가등록 162
추가조항 19, 30, 103, 129
츄 20
치안위원회 71
칠레 44
칩맨 152

ㅋ

카슨 99
카운티 73
카터 156, 162
캐나다 109, 142
캐시디 99
캔서스 97, 140
캘라크 67
캘리포니아 10, 12, 16, 17, 18, 20,
        24, 28, 29, 30, 33, 39, 43, 44,
        46, 52, 53, 55, 56, 57, 63, 64,
        68, 69, 70, 71, 73, 75, 76, 77,
        78, 80, 81, 82, 84, 85, 90, 91,
        94, 97, 98, 101, 105, 107, 114,
        118, 144, 148, 154, 160, 165,
        187, 188
캘리포니아 노동운동 13
캘리포니아 학교법 47
커싱 15
커어니 11, 29, 67, 71, 72, 75
커어니즘 71
커팅 148
컬롬 184
켄터키 30, 81, 134, 161, 177
코네티컷 76, 96, 151, 178
코카서스계 155, 157
콜 95
콜로라도 94, 136, 140, 149
콜로마 9
콜롬비아 특별지구 177
콜맨 71

콩거 180
쿠바 33, 40, 141
쿠울리 10, 44, 59, 64, 69, 70, 72, 78,
        82, 83, 94, 99
쿠울리 무역 63
쿠울리 반대단체 57, 72
쿠울리즘 65
쿠울리지 12
쿠퍼 78
쿠퍼 유니온 157
쿵 32
클리브랜드 90, 124, 138

ㅌ

타운센트 117
타일러 98, 99
타코마 123
태국인 174
태평양 연안 19, 20, 21, 23, 26, 27,
        31, 54, 56, 76, 77, 82, 85, 90,
        102, 113, 122, 123, 132, 138,
        140, 150, 157, 160
태평양 연안 주 84, 86, 90, 188
태평양 횡단 철도 10, 28, 187
테네시 78
테스트 케이스 156
테일러 99
텔러 94, 136, 140, 149
토지개간자 74
토착주의자 9

통상노동부장관 183, 185
통상노동위원회 101
통제 36, 37, 87, 118, 166, 181, 188,
     191
통조림 제조자 74
통행 109
통행특권 142
트레스콧 33
특별대리 117
특별위원회 30, 40, 45, 49
특별조사위원회 45, 57, 59
특별진술 122
팅글리 44

ㅍ

파이퍼 78
판사 109, 110, 111, 116, 117
팔레이 94, 97, 100, 101, 108, 116
팔머 165
퍼킨 67, 178
퍼킨스 165
페이지 97, 99, 101, 102
펜들튼 103
펜실베니아 134
펠튼 149
포틀랜드 123
플래트 96, 115, 151, 178, 179
플래트 수정안 179
플럼 140
플로리다 95

피쉬 24
피트 139
픽슬리 59
필드 109, 110, 117
필리핀 173, 175, 176, 179, 180, 190
필수 불가결한 권리 23

ㅎ

하와이 173, 175, 179, 180, 190
하와이 합병 174
하원 45, 82, 98, 99, 114, 115, 134,
    135, 136, 140, 141, 143, 147,
    148, 150, 152, 154, 164, 173,
    177, 178, 179, 184
하원법안 97, 101, 124, 144, 148,
    149, 150, 161, 178, 179
하원의원 69, 90, 91, 98, 106, 107,
    111
하이트 10, 20
합화회관 61
햄린 82
허가증 제도 100
허먼 163
허브레이 156
헌법정신 100, 129
헌법회의 75
헤이 175
헤이스 31, 84, 89
헨리 114
협력정책 20

협정 초안 129

호르 117

호어 83, 95, 97, 115, 164

호크 98

호프만 109, 110

호혜성 27, 33, 38, 39

호혜의 특권 23

홀레이 96

홀콤 40

홍콩 111, 122, 130

화이트 165

황금의 꿈 9

회의록 106

후커 134, 147, 154

휘트니 25

흑인 46, 55

흑인노예 123

히스곡 150

히트 134, 147, 152, 154, 165, 181